Le passif périphrastique

 *Etudes Romanes 50*

Collection dirigée par
Hans Peter Lund

Dans la rédaction:
Anita Berit Hansen
Hanne Jansen
Lene Waage Petersen

INSTITUT D'ETUDES ROMANES
UNIVERSITÉ DE COPENHAGUE

Hans Petter Helland

Le passif périphrastique

en français moderne

Museum Tusculanum Press
University of Copenhagen
2002

Hans Petter Helland :
Le passif périphrastique en français moderne

© Museum Tusculanum Press et l'auteur 2002
Etudes Romanes, vol. 50
Redigé par Anita Berit Hansen
Mise en pages par Ole Klitgaard
Imprimé au Danemark par AKA Print, Aarhus

ISBN 87-7289-693-0
ISSN 1395 9670

Publié avec le soutien financier de Norges Forskningsråd

Museum Tusculanum Press
Njalsgade 92
DK-2300 København S
Danemark
www.mtp.dk

Table des matières

Remerciements	7
Introduction	9
Chapitre 1: La catégorisation du passif	**17**
1.1 Introduction	17
1.2 Bases méthodologiques	18
1.2.1 Remarques préliminaires	18
1.2.2 Les analyses par renversement structural	20
1.2.2.1 Le renversement passif et l'équivalence temporelle	20
1.2.2.2 Le renversement passif et l'implication temporelle	21
1.2.3 Evaluation des analyses par renversement	25
1.2.4 Le passif et la manipulation lexico-syntaxique	32
1.2.4.1 Remarques préliminaires	32
1.2.4.2 Gaatone (1998)	33
1.2.4.2.1 Vers une définition formelle et restrictive du passif	33
1.2.4.2.2 Conséquences de l'approche de Gaatone	36
1.2.4.3 La structuration syntaxique unifiée du passif	41
1.2.4.4 Le passif verbal	44
1.2.4.5 Le passif adjectival	52
1.2.5 Positionnement méthodologique	56
1.2.6 Implications théoriques	66
1.3 Remarques finales	68
Chapitre 2: Le passif adjectival	**69**
2.1 Introduction	69
2.2 Critères définitoires	69
2.2.1 Le participe passé adjectival	69
2.3 Pour une extension de la catégorie du passif adjectival	77
2.3.1 Le passif adjectival et l'interprétation résultative	77
2.3.2 Une première caractérisation sémantique du passif adjectival	83
2.3.2.1 Remarques préliminaires	83
2.3.2.2 Les types situationnels	83
2.3.3 La ± présence du complément du verbe passif	87
2.4 Le passif adjectival et les verbes atéliques	102
2.4.1 Remarques préliminaires	102
2.4.2 La non-pertinence de la notion de *Vorgang*	103
2.4.3 Généralisation des principes lexico-syntaxiques	105

2.4.4 Bilan provisoire	108
2.5 Remarques finales	109

Chapitre 3: L'ambiguïté des structures passives — 111

3.1 Introduction	111
3.2 La corrélation syntactico-sémantique	111
3.2.1 Remarques préliminaires	111
3.2.2 La tradition	112
3.2.3 Bilan provisoire	119
3.2.4 L'opposition dynamique/statique	120
3.2.4.1 Remarques préliminaires	120
3.2.4.2 Principes de catégorisation situationnelle	121
3.2.4.3 La catégorisation situationnelle des phrases passives	129
3.2.4.3.1 Remarques préliminaires	129
3.2.4.3.2 L'hypothèse de la corrélation syntactico-sémantique	129
3.2.4.4 Conséquences théoriques et empiriques	143
3.3 Remarques finales	145

Chapitre 4: La désambiguation des structures passives — 146

4.1 Introduction	146
4.2 Désambiguation et pertinence	146
4.2.1 La théorie de la Pertinence	146
4.2.2 Considérations sur la pertinence	149
4.2.3 Conséquences théoriques	152
4.2.4 Construction du sens	154
4.2.5 La levée des ambiguïtés	160
4.3 L'interprétation des structures passives	167
4.4 Remarques finales	179

Conclusion	180
Bibliographie	183

Remerciements

Ce travail a été publié grâce à une subvention du Conseil Norvégien de la Recherche Scientifique (*Norsk Forskningsråd*). Il est le résultat de quatre années de recherches de 1995 à 1999.

Un certain nombre de personnes ont eu la gentillesse de bien vouloir lire une version finale de mon manuscrit. Ma reconnaissance va tout particulièrement à M. Claude Muller pour sa lecture très détaillée et ses remarques hautement pertinentes et à Mmes Kirsten Wölch, Claire Blanche-Benveniste, Marianne Hobæk Haff et à M. David Gaatone pour leurs conseils tant spécifiques que généraux. Il va de soi que je suis, seul, responsable des erreurs qui pourraient subsister dans le texte.

Je suis également redevable à M. Tor Åfarli pour de nombreuses discussions théoriques sur le passif et à M. Charles Aubry pour sa lecture attentive à l'expression.

Enfin un grand merci à toute ma famille pour son soutien moral, à Anne et à mes deux petits garçons, Peder et Jens, pour leur patience et leur présence.

Introduction

Dans le numéro de *Langages* (Gross, 1993) consacré dans son intégralité au passif, on trouve deux articles (Gaatone (1993) et Lamiroy (1993)) qui annoncent dans leurs titres l'existence de *deux passifs* en français.[1]

A en croire de telles formulations, les avis semblent, du moins, concorder sur le fait que le français possède deux constructions passives. Cependant, si l'on regarde de plus près, on s'aperçoit que les critères opérationnels que proposent Gaatone et Lamiroy pour la catégorisation passive sont pour une large part incompatibles. Gaatone inclut dans le domaine du passif les types « classique » (promotionnel) et « non-classique » (impersonnel) dans (1)-(2), mais en exclut le « passif moyen » (pronominal) dans (3):

(1) Une enquête a été menée (par les autorités).
(2) Il a été procédé à une enquête.
(3) Ce livre se vend bien.

Au contraire, Béatrice Lamiroy s'attache à proposer une analyse unitaire de ce qu'elle appelle le passif périphrastique *être + Vé* (1)-(2) et le passif pronominal *se V* (3). Cette observation préliminaire paraît devoir appeler plusieurs remarques.

(a) D'une part, ce qui est passif pour les uns ne l'est pas forcément pour les autres. Les constructions peuvent être plus ou moins étroitement apparentées au niveau du contenu sans qu'elles le soient au niveau de la forme. Ainsi trouve-t-on dans la littérature linguistique un grand nombre de classifications « passives » hétérogènes. On comparera les classifications de Gaatone et de Lamiroy ci-dessus avec celle de Blanche-Benveniste (1984) qui inclut, en plus du passif périphrastique et du passif pronominal, des constructions du type *se faire + infinitif* (4), *ça se + verbe* (5), *se voir + infinitif* (6), *avoir N (de) + participe passé* (7) et *il y a N de + participe passé* (8):

(4) Il s'est fait renverser par une voiture.
(5) Ça se fait facilement.
(6) Il s'est vu refuser l'entrée.
(7) Il a une vitre brisée.
(8) Il y a un couvert de mis.

[1] Gaatone, D. 1993. Lamiroy, B. 1993.

On se reportera également à Brahim (1996) qui, d'un point de vue onomasiologique, définit la catégorie traditionnelle de « passif » comme un mode d'impersonnalisation caractérisé par la fonction pragmatico-énonciative d'*occultation agentive*. Le phénomène mis en jeu par le passif est d'ordre plus général et englobe l'occultation, la topicalisation et la détransitivation. Par conséquent, il n'y a aucune séparation nette, selon l'approche de Brahim, entre ce qu'on appelle traditionnellement « passif » et d'autres procédés morpho-syntaxiques, récessifs ou non-récessifs, qui eux aussi déclenchent les effets pragmatiques d'occultation agentive (structures réflexives, constructions nominalisées (*Le projet de loi a obtenu l'approbation de la chambre*), adjectifs déverbaux en *-ble* (*C'est mangeable*), pluralisation et autres formes de non-spécification agentive, etc.).

(b) D'autre part, quelle que soit l'approche adoptée, il n'en est pas moins nécessaire de s'appuyer sur une définition stricte de la catégorie du passif. Sinon les hypothèses émises ne peuvent être examinées. Voilà pourquoi Gaatone (1998) souligne la nécessité d'établir une définition morphologique et syntaxique, « strictement formelle d'une part, et restrictive de l'autre, de façon à écarter du domaine du passif diverses constructions passivoïdes présentant telle ou telle similarité formelle ou sémantique avec le passif » (1998:267).

Cette étude sera consacrée entièrement au traitement linguistique (lexico-syntaxique, syntaxique, sémantique) et pragmatique du passif périphrastique du français. Celui-ci est généralement considéré comme une construction qui combine une forme du verbe *être* avec la forme participiale passive d'un verbe transitif (direct et parfois indirect) ou intransitif. Nous examinerons l'ambiguïté virtuelle de constructions comme (9) au regard de considérations d'ordre lexical, syntaxique, sémantique et pragmatique et la rapprocherons de l'interprétation de constructions, formellement identiques, du type (10) et (11), issues de verbes dits inaccusatifs:

(9) a. Le soldat est blessé (en ce moment).
   b. Le soldat est (déjà) blessé.
(10) Elle est morte.
(11) Elle est évanouie.

Nous aurons par contre peu de choses à dire sur des constructions formellement distinctes, mais sémantiquement apparentées du type (3)-(8). Le développement de la notion de passif dans une perspective sémantique vaste n'est sans doute pas dénué d'intérêt, mais cette question ne sera pas poursuivie dans ce travail.

Soulignons dès le départ que la « visée » de ce travail est de moindre envergure que celles de Gaatone (1998) et de Brahim (1996). Les objectifs de Brahim sont essentiellement comparativistes (analyse contrastive français-arabe), tandis que Gaatone cherche à donner une « image aussi complète que possible d'un domaine dont de nombreuses études n'avaient éclairé que certains recoins » (1998:7). Ce travail n'offre qu'une « vue partielle » du phénomène passif. Notre objectif est essentiellement d'émettre et de tester des hypothèses. Nous examinerons si la définition « formelle » du passif que propose Gaatone est suffisamment restrictive. L'étude de l'ambiguïté virtuelle de (9) (d'ordre lexical, structural, ou sémantique) nous permettra d'en juger. Cependant, il ne s'agit pas uniquement de nous positionner par rapport à Gaatone. Nous verrons que d'autres questions liées de façon générale aux traitements antérieurs du passif en français méritent d'être reconsidérées.

Nombreux sont les travaux qui traitent des problèmes concernant la syntaxe, la sémantique et la pragmatique du phénomène passif en français. On citera à titre d'exemple les travaux d'Engwer (1931), d'Authier (1972), de Zribi-Hertz (1981, 1982a/b), de Karasch (1982), de Milner (1986) de Brahim (1996) et de Gaatone (1998), des numéros entiers de revues linguistiques (Gross, 1993) ainsi qu'un grand nombre d'articles. A cela s'ajoutent les descriptions qu'offrent toutes les grammaires du français.[2] Dans des travaux plus spécifiquement théoriques, qu'il s'agisse de la linguistique française ou de la linguistique générale, le passif a également occupé une position privilégiée. Il suffit de considérer le développement de la grammaire générative transformationnelle et des théories issues de cette tradition, telles que la Grammaire Lexicale et Fonctionnelle de Bresnan et la Grammaire Relationnelle de Perlmutter et Postal.[3] Les mécanismes de passivation ont en effet permis à un grand nombre de linguistes de tester l'efficacité de leurs théories. Quand Sells (1985) introduit les théories syntaxiques les plus importantes de la linguistique américaine des années 1980 (*G(overnment)-B(inding)*; *G(eneralized) P(hrase)*

---

[2] Voir bibliographie pour des références.
[3] Voir pour une présentation du passif dans ces théories Verluyten (1984). Cf. également Siewierska (1984).

S(tructure) G(rammar) et L(exical) F(unctional) G(rammar)), il recourt, à titre de comparaison, justement au traitement du passif.

De plus, le passif a été au centre des études typologiques (Siewierska (1984), Keenan (1985), Shibatani (1985), Jaeggli (1986), Palmer (1994), etc.). Bref, il s'agit d'un phénomène grammatical minutieusement étudié tant au niveau théorique qu'au niveau empirique. Aussi peut-il paraître quelque peu audacieux d'entreprendre un travail à la fois théorique et empirique sur le passif périphrastique du français. Nous verrons cependant que, malgré la richesse surabondante des travaux qui y sont consacrés, maintes questions méritent d'être approfondies.

La notion de transformation passive développée en termes structuraux dans les premières versions de la grammaire générative chomskyenne a gardé son importance dans la littérature linguistique française, et cela jusqu'à nos jours. Les grammaires de référence en témoignent. Même dans des travaux récents où l'on met en évidence des lacunes, des blocages liés à la transformation passive on parle souvent de la grammaire chomskyenne comme s'il s'agissait du cadre transformationnel original de 1957 ou du modèle standard des années 1960 et 1970.[4] La passivation pourrait ainsi être considérée comme une règle syntaxique complexe qui fait du complément d'objet direct dans la phrase active de base un sujet obligatoire dans la phrase passive correspondante (i). Elle entraîne un marquage morphologique verbal propre à la construction passive (ii) et fait du sujet de la phrase active un complément agentif facultatif en *par* dans la phrase passive (iii). Le même type de changements pourrait *grosso modo* être déclenché dans le modèle standard par la présence d'un morphème abstrait passif dans la structure de base qui est directement générée comme passive. La formulation de telles « règles » est cependant abandonnée depuis longtemps à l'intérieur du paradigme génératif même. Avec les développements qu'a connus la théorie grammaticale dans les années 1980 et 1990 il serait naturel de rapporter la dérivation du passif français à des précisions théoriques importantes, ce qui a rarement été fait.[5]

Nous présenterons – avant de les critiquer – au premier chapitre les analyses par renversement structural et montrerons que les questions

---

[4] On en voit des exemples dans Verluyten (1984), Lamiroy (1993) et Leclère (1993).
[5] Pour des exceptions, Zribi-Hertz (1981, 1982a/b) et Milner (1986).

essentielles liées à la passivation sont centrées sur l'interrelation entre le lexique, la syntaxe et la sémantique. Le passif se prête en effet à merveille à une approche modulaire qui implique l'interaction entre les composantes linguistiques tout en accordant une place privilégiée au lexique. Le meilleur exemple d'une approche modulaire en linguistique est bien sûr la grammaire générative telle qu'elle a été conçue dans la théorie du Gouvernement et du Liage (GB) et la théorie des Principes et des Paramètres (PPT) après 1981. C'est cette théorie combinée avec des solutions « lexicalistes » que nous prenons pour point de départ dans notre élaboration lexico-syntaxique du premier chapitre. Nous adopterons une approche générative où le lexique conditionne les différences syntaxiques et sémantiques entre les deux décodages linguistiques de (9). Plus précisément, la structure des entrées lexicales détermine l'insertion des éléments lexicaux dans la syntaxe et présuppose des considérations d'ordre sémantico-lexical. Cette méthode nous servira en outre à traiter le statut catégoriel de la forme participiale et son lien avec les verbes et les adjectifs. Au moins trois possibilités se présentent pour la catégorisation du participe: il peut avoir un caractère verbal, il peut avoir un caractère adjectival ou il peut occuper une position intermédiaire entre les catégories nominales et verbales. Nous optons pour un système qui dérive lexicalement les formes passives tout en admettant une ligne dérivationnelle entre les participes passifs verbaux et les participes passifs adjectivaux. Notre système exclut ainsi des catégories intermédiaires (semi-verbale ou semi-adjectivale). La conversion catégorielle en un adjectif, inspirée directement par des approches lexico-syntaxiques, est en principe possible pour tous les verbes passivables pourvus d'un argument interne. Les contraintes relatives à cette conversion sont de nature sémantique et nous les intégrerons dans le couplage lexico-syntaxique. Notre approche relèvera deux défis majeurs que soulève toute théorie de la passivation. Des phrases du type (9b) doivent d'une part être considérées dans leurs rapports avec la catégorie du passif canonique (9a) afin de rendre compte de similitudes à la fois morpho-syntaxiques et sémantiques. D'autre part, elles seront rapportées aux constructions attributives qui diffèrent sur des points précis du passif.

Ces questions trouveront un certain nombre de leurs formulations dans le cadre de la grammaire générative modulaire. En même temps nous savons que la grammaire chomskyenne est un système modulaire à vocation restreinte au sens de Nølke (1993). Elle s'intéresse en effet très peu à la sémantique « interprétative » et à la pragmatique. Il faut noter que la terminologie adoptée traditionnellement pour distinguer les deux interprétations de (9) est de nature sémantique. On trouve des termes du type *passif action / passif état* et passif de *Vorgang* / passif de *Zustand*, etc. Cela dit, ces analyses, s'appuyant rarement sur une élaboration syntactico-sémantique détaillée, présupposent souvent une opération de « reconstruction »: on part d'une hypothèse selon laquelle le passif est dérivé à partir de l'actif. Sur la base d'une phrase reconnue comme passive on « reconstruit » alors la phrase active qui servirait d'*input* à la règle transformationnelle. Nous verrons que de tels raisonnements, quoique douteux, n'en sont pas moins répandus dans les travaux sur le passif du français. Cette position sera entièrement abandonnée au cours de ce travail. Nous développerons une composante sémantique « minimale » au deuxième et au troisième chapitre qui nous permettra de décrire l'ambiguïté de (9) en termes purement sémantiques. Cette précision est importante dans la mesure où les critères de catégorisation que proposent un très grand nombre d'ouvrages pour dégager une opposition essentiellement sémantique s'appuient sur une opération syntaxique (= transformation passive structurale) non-admissible. Nous délimiterons ensuite le calcul sémantique par rapport au processus pragmatique qui constitue l'objet d'étude du quatrième chapitre. Le système modulaire que nous y esquissons est inspiré dans les grandes lignes par l'approche cognitive de la communication élaborée par Sperber et Wilson. L'*output* du décodage linguistique (syntaxique et sémantique) servira d'*input* à la composante pragmatique inférentielle. Nous adhérons ainsi à une conception « réductionniste » du décodage linguistique tout en prévoyant des interactions avec les connaissances extra-linguistiques dans la phase pragmatique. Cela dit, nous ne proposerons aucune description détaillée des interdépendances entre les différentes sous-theories, comme le fait Nølke (1993) à l'aide de règles et de métarègles reliant les modules. On pourrait parler dans les deux cas de « systèmes modulaires à vocation globale ». Les objectifs que nous formulerons à cet égard sont cependant beaucoup plus modestes que ceux de Nølke. Nos objectifs sont plus intimement liés à la formation des « règles locales ».

Pour tester nos hypothèses, nous nous appuierons sur des données qui sont constituées par différents types de sources: œuvres littéraires, journaux, télétextes et dictionnaires. Comme il s'agit de tester les possibilités et les impossibilités du système linguistique, nous avons également introduit un grand nombre d'exemples inventés soumis au jugement de locuteurs francophones. Les divergences qu'on peut établir entre les exemples et les contre-exemples au niveau de la grammaticalité (exemples grammaticaux/agrammaticaux) ou au niveau de l'acceptabilité (exemples acceptables/inacceptabes) s'avéreront, comme nous allons le voir, particulièrement utiles. Quant au statut théorique des exemples cités et des exemples inventés, il n'y a aucune différence essentielle. Dans les deux cas, l'exemple est *construit* et *analysé* au sens de Milner (1989:113-4).

Chapitre 1
La catégorisation du passif

1.1 Introduction

On distingue généralement dans les études typologiques portant sur le passif deux types principaux: le passif périphrastique formé à l'aide d'un verbe auxiliaire en combinaison avec la fonction morphologique stricte attachée à un verbe transitif et le passif synthétique formé exclusivement à l'aide d'opérations d'affixation verbale. La grande majorité des grammairiens reconnaît pour le français une syntaxe verbale passive caractérisée comme périphrastique (ou analytique) qui combine l'auxiliaire *être* avec le participe passé passif d'un verbe transitif:

(1) être + Vtr(ansitif)$_{\text{p(articipe) p(assif)}}$

Ce sont des structures construites sur le modèle (1) qui constituent l'objet principal de cette étude.

Il est traditionnellement reconnu que les structures *être* + Vtr_{pp} d'un verbe en français moderne sont ambiguës en fonction des propriétés sémantiques du verbe principal. Ainsi, une construction comme (2a), formée à partir d'un verbe télique, se prête à une interprétation dynamique ou statique selon que la contextualisation contient ou non des adverbes du type *brusquement* ou *déjà*, ce qui ressort de (2b) et de (2c):

(2) a. La porte est ouverte.
    b. La porte est ouverte brusquement.
    c. La porte est déjà ouverte.

Apparemment, cette ambiguïté disparaît si la phrase est formée à partir d'un verbe atélique comme dans (3):

(3) La maison est surveillée.

Dans ce chapitre, nous passerons en revue les différentes analyses, qu'elles soient syntaxiques, sémantiques ou lexicales, qui ont été proposées pour rendre compte de la différence entre (2) et (3). Trois tendances, liées au traitement du phénomène passif, se dégageront de cet aperçu: le paradigme actif/passif se définit à la fois comme un renversement des fonctions syntaxiques, une reconstruction sémantique et une manipulation syntactico-lexicale de la structure argumentale du verbe. Certains linguistes réservent la dénomination de passif aux constructions qui ont pour (quasi-) équivalent sémantique des phrases actives au même temps verbal (cf. 2b et 3). D'autres étendent la catégorie passive pour y inclure des constructions du type (2c) ayant une contrepartie active à un temps composé. Dans les deux cas l'argument interne du verbe de base (*la porte* et *la maison*) apparaît dans la position sujet, alors que l'argument externe du verbe de base (celui qui ouvre/a ouvert la porte ou celui qui surveille la maison) reste non-exprimé. Rares sont cependant les travaux traitant des conséquences théoriques de ces choix de catégorisation. Aussi les aborderons-nous dans ce chapitre à la lumière d'une discussion plus générale sur le phénomène passif. Nous essaierons d'abord de préciser les critères applicables à la catégorisation grammaticale d'une phrase comme passive. Cette précision, fondée sur des opérations générales de passivation et d'adjectivisation, nous permettra de surmonter certains des problèmes posés par les approches traditionnelles. Elle servira de base au travail classificatoire qui sera effectué dans les chapitres suivants.

1.2 Bases méthodologiques
1.2.1 Remarques préliminaires
Les classifications proposées à l'égard de structures du type (1) sont souvent solidement enracinées dans la tradition grammaticale en vertu de caractéristiques descriptives. Nous en distinguerons trois qui s'avèreront particulièrement importantes par la suite:

(i) Le passif se caractérise par le renversement structural de l'actif. Les exemples canoniques de la passivation en français établissent des liens entre la phrase active et la phrase passive correspondante. Le changement de morphologie verbale fait que le complément d'objet direct dans la phrase active (4a) peut être réalisé comme sujet dans la phrase passive (4b), alors que le sujet de la phrase active devient « complément d'agent » facultatif en *par* dans la phrase passive:

(4) a. Les médecins soignent les malades.
   b. Les malades sont soignés (par les médecins).

C'est ce que Milner (1986:3) appelle la *doctrine spontanée du passif*. A cela s'ajoute (ii) qui est un critère d'ordre sémantique:

(ii) Le passif possède des propriétés interprétatives en commun avec l'actif.

Basée sur l'identité des unités lexicales, l'utilisation de paraphrases fait ressortir la ressemblance des deux éléments du paradigme. Cette ressemblance peut s'appuyer d'une part sur la relation de synonymie (du moins partielle) entre la phrase passive (5b) et la phrase active au même temps verbal (5a):

(5) a. On allume la lumière (en ce moment).
   b. La lumière est allumée (par quelqu'un) (en ce moment).

D'autre part, elle peut s'appuyer sur l'implication temporelle existant entre une phrase passive à un temps simple (6b) et une phrase active à un temps composé correspondant (6a):

(6) a. On a allumé la lumière.
   b. La lumière est (dans l'état d') allumée.

Le troisième trait descriptif prévoit une manipulation syntactico-lexicale de la structure argumentale du verbe:

(iii) Le passif est le résultat d'une opération lexicale de manipulation argumentale.

Plus précisément, c'est le second argument du verbe dans (4a-6a) qui apparaît dans la position sujet dans (4b-6b), alors que le premier argument, obligatoire en position sujet dans (4a-6a), apparaît dans une position non-argumentale, facultative et parfois effacée dans (4b-6b). Théoriquement, on a la possibilité d'augmenter, de réduire ou de restructurer le nombre d'arguments. Le passif sera dès lors traité de préférence comme une opération dérivationnelle de réduction valencielle où l'on forme un prédicat à n places à partir d'un prédicat à n + 1 places. Cette analyse permet de prévoir deux entrées lexicales pour les verbes *soigner* et *allumer*. Pour l'actif, il s'agit d'un prédicat à deux arguments. Pour le passif, il s'agit d'un prédicat à argument unique. Certains principes grammaticaux, qu'il reste à définir, forcent le seul argument du verbe passif à apparaître dans la position sujet. Il ressortira également des considérations qui vont suivre qu'on peut faire varier les entrées lexicales en fonction des différents types de passifs. Plus généralement, la définition du passif comme interrelation entre des spécifications lexicales et des opérations syntaxiques précises permettra des sous-classifications fines à l'intérieur de la catégorie du passif.

Nous verrons que les traits descriptifs (i)-(iii) suffiront à rendre compte de la plupart des classifications proposées par la tradition grammaticale. Il apparaîtra clairement qu'ils touchent à différents domaines de la grammaire: la syntaxe, la sémantique et le lexique. En effet, (i)-(iii) ne sont pas logiquement interdépendants, ce qui aura des répercussions théoriques.

1.2.2 Les analyses par renversement structural
1.2.2.1 Le renversement passif et l'équivalence temporelle

La plupart des approches, traditionnelles ou modernes, recourent à la notion de « transformation » pour expliquer ce qu'elles entendent par passif. Une première version de la grammaire générative (Chomsky 1957/1969:49) introduit des règles du type (7) qui formalisent la correspondance postulée entre la phrase active et la phrase passive:

(7) a. SN_1 - Aux - V - SN_2
    b. SN_2 - Aux + être + é - V - par + SN_1

Les règles de passivation opèrent sur la phrase active avec pour résultat une « inversion structurellement déterminée » appelée passive. Il s'agit en effet dans (7) d'une formalisation d'intuitions bien connues de la tradition grammaticale selon lesquelles il existe une relation systématique entre l'actif et le passif tant au niveau syntaxique qu'au niveau sémantique.[6] Pour qu'on puisse parler d'une structure passive, tel est le point de vue de Vikner (1985), Grevisse (1993:1121), Togeby (1983:19), Wartburg et Zumthor (1947:13), Damourette et Pichon (1911-1936:18-22), il faut que la construction *être + participe passé* d'un verbe transitif « corresponde » à une phrase active au même temps verbal. Vikner (1985:100-1) souligne ainsi que le verbe *fermer* est à la forme passive quand (8a) correspond à (8b):

(8) a. La porte est fermée.
    b. Quelqu'un ferme la porte.

Si, par contre, (8a) correspond à (8c), « il s'agit du verbe d'état *être* suivi d'un attribut du sujet sous forme d'un participe passé *(fermée)* » (1985:100):

(8) c. Quelqu'un a fermé la porte.

Cette ambiguïté n'existerait pas pour les « verbes d'état » et les « verbes de procès » puisque (9a) correspondrait, selon Vikner, à (9b) plutôt qu'à (9c):

(9) a. Eric est caressé.
    b. Elle caresse Eric.
    c. Elle a caressé Eric.

L'interprétation dépend ainsi directement des modes d'action, ce qui avait déjà été noté par un très grand nombre de linguistes[7]. Dans la

---

[6] Cf. Damourette et Pichon (1911-1936:18).
[7] Voir à cet égard Engwer (1931), Klum (1961), Schmitt Jensen (1963), Martin (1963, 1971), etc.

terminologie de Vikner, les « verbes d'événement », exemplifiés ici par *fermer*, aboutissent par leur sens à un état final distinct du déroulement même de l'événement, d'où la double possibilité d'interprétation de (8a), alors que les « verbes d'état » et les « verbes de procès » n'impliquent aucun état final, ce qui expliquerait le caractère univoque de (9a). Pour parler du passif, il ne suffit donc pas que la construction corresponde à une phrase active. Il faut de plus que les deux phrases soient à un même temps verbal ayant *grosso modo* le même sens.[8] La catégorisation passive se fonde ainsi, selon Vikner et d'autres, à la fois sur des critères syntaxiques (possibilité d'une transformation active/passive) et sur des critères sémantiques (quasi-équivalence sémantique entre la phrase passive et la phrase active). C'est une définition qu'on retrouve même dans des travaux récents d'ordre typologique.[9] On notera cependant que l'élaboration syntaxique proprement dite reste très fragmentaire. La « correspondance » à l'intérieur du paradigme actif/passif a été introduite en vue de rétablir la relation de synonymie entre la phrase de départ, qui est passive, et sa contrepartie reconstruite, qui est active. On pourrait ainsi dire que des auteurs comme Vikner, Grevisse, Togeby, Wartburg, Zumthor et Damourette et Pichon présupposent une élaboration syntaxique qui prend pour point de départ une phrase active, tout en mettant l'accent sur le processus interprétatif.

1.2.2.2 Le renversement passif et l'implication temporelle
Le critère de l'équivalence sémantique a été abandonné par les linguistes qui, contrairement à Vikner, se servent de la notion de passif pour caractériser l'interprétation statique de (8a). Il s'agit d'une rupture par rapport à la tradition grammaticale où la relation de synonymie (du moins partielle) entre la phrase active et passive constituait justement l'un des critères définitoires du passif. Schmitt Jensen (1963:61) souligne, par exemple, que la phrase active (10a) peut être « formulée au passif de deux façons », illustrées par (10b) et (10c):
(10) a. Les Japonais ont battu la Chine.

---

[8] Quand on parle de la relation de synonymie entre la phrase active et la phrase passive, il s'agit évidemment de la synonymie au sens large. Le manque d'équivalence parfaite entre les deux tours sera explicité ci-dessous.

[9] Cf. Siewierska (1984:75ss), Nedjalkov et Jaxontov (1988:17).

b. La Chine a été battue (par les Japonais).

c. La Chine est battue (par les Japonais).[10]

Ayant adopté la terminologie du romaniste allemand Engwer, Schmitt Jensen caractérise, selon un critère syntactico-sémantique, la construction passive dans (10c) de *Zustand* opposé au *Vorgang* de (10b). Si la phrase active au temps composé a pour correspondant une phrase en *être + participe passé* à un temps simple, il s'agit d'un passif de *Zustand*. Si, par contre, la forme active et la phrase en *être + participe passé* sont au même temps verbal, il s'agit d'un passif de *Vorgang*. Cette opposition n'existerait, selon Schmitt Jensen, que pour les verbes « perfectifs » du type *battre*. Pour les verbes dits imperfectifs, il s'agirait toujours d'un *Vorgang* parce que la phrase active reste au même temps verbal que la phrase passive. Cette précision est importante dans la mesure où un verbe « imperfectif » au passif du type (11a), qui s'interprète indubitablement comme un état, se caractérise, selon Schmitt Jensen (1963:61-3), comme *Vorgang* plutôt que comme *Zustand*, vu le maintien du même temps verbal dans la phrase passive et la phrase active reconstruite (11b):

(11) a. Il est connu de tous.

b. Tous le connaissent.

c. Tous l'ont connu.

Le critère formel régissant la distinction *Vorgang/Zustand* est ainsi corrélé à des contraintes sémantiques. Le *Vorgang* prévoit une relation d'équivalence temporelle ($\equiv$) entre la phrase passive et la phrase active:

(10) d. La Chine a été battue (par les Japonais). $\equiv$ Les Japonais ont battu la Chine.[11]

(11) d. Il est connu de tous. $\equiv$ Tous le connaissent.

Ce qui caractérise le *Zustand*, c'est par contre la possibilité d'une relation d'implication temporelle ($\rightarrow$) entre la phrase passive et la phrase active correspondante:

(10) e. La Chine est battue (par les Japonais). $\rightarrow$ Les Japonais ont battu la Chine.

Il faut donc que l'état soit le résultat d'un événement antérieur pour

---

[10] La présence éventuelle d'un complément du verbe passif dans des structures comme (10c) sera commentée ci-dessous.

[11] La notation logique $\equiv$ pour l'équivalence temporelle, $\rightarrow$ pour l'implication temporelle et $-/\rightarrow$ pour la non-implication temporelle est nôtre.

que Schmitt Jensen et d'autres le définissent comme un passif de *Zustand*. Une telle contrainte correspond à celle établie par Martin (1963) pour le « passif d'état »[12] et elle a été reprise dans des travaux plus récents comme ceux de Authier (1972), Karasch (1982) et Wimmer (1993). On la retrouve même dans des grammaires comme Wagner et Pinchon (1991:301)[13], Le Goffic (1993:203)[14] et Riegel, Pellat, Rioul (1994:438)[15]. Il s'agit par conséquent d'un élargissement considérable du domaine du passif.[16]

Cela dit, il est à noter que ces ouvrages contiennent rarement des précisions d'ordre syntaxique sur la dérivation du passif d'état. Authier (1972) est une exception dans la mesure où elle essaie de corréler les différences interprétatives entre (12a-c) à la structuration syntaxique:

(12) a. Le vase est cassé en toute hâte (par x).
b. Le vase est cassé (par x).
c. Le vase est admiré (par x).

Dans son modèle génératif des années 1960, les passifs A_1/B (12a et 12c) et A_2 (12b) sont dérivés à partir de *structures profondes* fonda-

---

[12] Le passif d'état est, selon Martin (1963:35), un sous-groupe de la voix dite mixte qui se définit comme « la voix exprimant un état qui résulte d'une action antérieure, active, pronominale ou passive ». Voir aussi pour des remarques, Martin (1971:65).

[13] Cf. Wagner, Pinchon (1991:301): « En l'absence d'un complément, le passif des verbes qui ont un caractère nettement perfectif décrit l'état qui succède à un procès achevé: Le résultat est atteint. La séance est terminée.... »

[14] Cf. Le Goffic (1993:203): « Du point de vue des valeurs aspectuelles, en liaison avec les types de procès, on distingue passif d'action et passif d'état: *La porte est ouverte* = « ianua patet »; passif d'état, cf. *On a ouvert la porte./* = « ianua aperitur » ; passif d'action, cf. *On ouvre la porte.* »

[15] Cf. Riegel *et al.* (1994:438): « On ne considérera donc comme véritables formes verbales passives que les participes passés précédés de *être* employés dans des constructions qui: – ou bien se paraphrasent par une construction active sans changement de temps (**passifs actions**) (...) – ou bien s'interprètent naturellement comme l'état résultant du procès achevé décrit par la forme composée de la phrase passive et par la phrase active équivalente (**passif d'état**). »

[16] Peu de linguistes parlent de la différence ou de la ressemblance entre le passif du *Zustand* et la construction attributive. On notera cependant les précisions de Karasch (1982:126) indiquant que le *Zustand* (exclusivement lié aux verbes « perfectifs ») est toujours le résultat d'une action antérieure impliquant la présence d'un « agent possible » contrairement à l'interprétation attributive. Le participe passé adjectivé serait à cet égard complètement déverbalisé, alors que la participe passé du *Zustand* garderait son caractère verbal. Voir pour une opposition semblable, Riegel *et al.* (1994:439).

mentalement distinctes.[17] Si l'on adopte son système (Authier 1972: 87-93), on pourrait envisager pour les passifs A_1/B une structure profonde comme (13a) et pour le passif A_2 une structure profonde comme (14a):

(13) a. $_S[SN_1$ - temps + être + é $_{Préd}[SN$ non-spécifié - V - $SN_2]]$

(14) a. $_S[SN_1$ - temps + être $_{Préd}[$ SN non-spécifié - temps + avoir + é + V - $SN_2]]$

La linéarisation de la phrase active se retrouve dans le prédicat enchâssé. Pour passer à la structure de surface, il faut dans les deux cas effectuer les transformations suivantes: effacement du SN_2 enchâssé sur la base de l'équation $SN_1 = SN_2$ et effacement du SN enchâssé non-spécifique.[18] On obtient alors pour (13a) une structure dérivée comme (13b) et par la transformation d'affixation (13c):

(13) b. SN_1 - temps + être + é - V

c. SN_1 - temps + être - Vé

La dérivation du passif A_2 demanderait, selon Authier (1972:89), une transformation supplémentaire qui consiste à effacer « temps + avoir » dans la structure enchâssée sur la base de l'identité de temps dans « temps + être » (14b), ce qui donne pour résultat après la transformation d'affixation (14c):

(14) b. SN_1 - temps + être - é + V

c. SN_1 - temps + être - Vé

Il s'ensuit que, malgré les ressemblances de surface, le morphème *é* a des origines distinctes. Dans la dérivation « classique » du passif (13a-c), il est associé au verbe selon la règle « être + é -V ». Au passif dit résultatif (A_2) (14a-c), il est, au contraire, introduit sous le nœud de l'« aspect extensif » à l'aide de « être - é + V ». Appliqué aux exemples (12a-b), le système d'Authier suppose une instanciation des structures profondes comme (12d-e):

(12) d. $_S[Le\ vase$ - est + é $_{Préd}[Ø$ - casser - le vase]] (A_1)

e. $_S[Le\ vase$ - est $_{Préd}[$ Ø - a + é + casser - le vase]] (A_2)

(12d-e) et (13a)-(14a) sont censés illustrer la complexité sémantique du passif A_2 par rapport au passif A_1. Pour le passif A_1, il y a simple-

---

[17] La distinction établie par Authier pour les classes A et B correspond grosso modo à la division en verbes téliques (ou « perfectifs ») et en verbes atéliques (« imperfectifs »). Les passifs A_1 et A_2 correspondent à l'alternance engwerienne *Vorgang/Zustand* des verbes perfectifs, alors que le passif B correspond au *Vorgang* des verbes imperfectifs.

[18] Voir Authier (1972:89).

ment une relation d'équivalence temporelle (et de quasi-synonymie) entre la phrase passive et la phrase active, d'où la paraphrase (12f):

(12) f. Le vase est cassé. ≡ On casse le vase.

Pour le passif A_2, il y a à la fois implication d'un processus antérieur et « focalisation » d'un état résultatif:

(12) g. Le vase est cassé. → On a cassé le vase.

On notera que l'approche d'Authier, mis à part la question de formalisation, propose le même type d'extensions définitoires de la catégorie du passif que chez Engwer (1931) et Schmitt Jensen (1963), etc. Il ne reste pas moins indispensable d'examiner, sur la base du critère transformationnel structurellement déterminé, les conséquences théoriques de l'inclusion ou de la non-inclusion du « passif d'état » dans la catégorie du passif.

1.2.3 Evaluation des analyses par renversement

Examinons d'abord les énoncés statiques (15)-(17) à la lumière des principes (iv) et (v) résumant les deux analyses par renversement:

(15) a. Il était aimé.

(16) a. En bas de la côte de Verdelais, un barrage était érigé. Un soldat lui fit signe de s'arrêter.

(17) a. Sa chemise était déjà trouée quand je l'ai vu s'approcher.

(iv) La phrase passive être + participe passé[19] d'un verbe transitif et télique/atélique a pour équivalent sémantique une phrase active correspondante au même temps verbal.

(v) La phrase passive être + participe passé d'un verbe transitif a pour équivalent sémantique une phrase active correspondante au même temps verbal si le participe est initialement télique/atélique ou elle peut correspondre à une phrase active à un temps composé si le participe est initialement télique.

Le critère de transposition active au même temps verbal (15b) ferait de (15a), formé à partir d'un verbe atélique, un passif où n'interviendrait pas la différence entre (iv) et (v):

(15) b. Quelqu'un l'aimait.

Au contraire, ni (16a) ni (17a) ne correspondent à une phrase active

---

[19] Nous utiliserons provisoirement le terme général participe passé pour désigner l'élément non-personnel du complexe verbal parce que l'homophonie entre le participe passé et le participe passé passif n'est généralement pas discutée dans les analyses par renversement.

au même temps verbal, comme le montre la non-équivalence entre (16a-b) et (17a-b):

(16) b. En bas de la côte de Verdelais, on érigeait un barrage.

(17) b. Quelqu'un trouait sa chemise.

C'est pourquoi (iv) exclut la classification de (16)-(17) comme passive. Il s'agirait plutôt de deux constructions attributives combinant la copule *être* avec un attribut du sujet « sous forme d'un participe passé » (*érigé* et *troué*).

(16a), dont le participe passé est d'origine télique, obéit par contre au critère de transposition active à un temps composé et implique un événement antérieur ayant (16a) pour résultat, ce qui ressort de (16c-d):

(16) c. Quelqu'un avait érigé un barrage en bas de la côte de Verdelais.

d. En bas de la côte de Verdelais, un barrage avait été érigé.

Le contexte nous permet également de reconstituer assez facilement le « sujet logique », en l'occurrence l'agent, de l'événement antérieur. C'étaient, en effet, les Allemands qui avaient érigé le barrage en question, d'où la possibilité de préciser (16c) par (16e) et de modifier (16d) par (16f):

(16) e. Les Allemands avaient érigé un barrage en bas de la côte de Verdelais.

f. En bas de la côte de Verdelais, un barrage avait été érigé par les Allemands.

Ces tests semblent moins immédiatement applicables à (17a), d'où l'anomalie de (17b-d), bien que le participe passé soit formé à partir d'un verbe transitif et télique *trouer*:

(17) b. Quelqu'un/Quelque chose avait troué sa chemise.

c. Sa chemise avait été trouée.

d. Sa chemise avait été trouée par qqn/qqch.

Nous voyons donc que (16a) a des traits communs aux propriétés typiques du passif que nous ne retrouvons aucunement pour (17a). Ce qui sépare (16a) des exemples canoniques du passif, c'est finalement le manque d'équivalence sémantique par rapport à (16c). (v) classifierait dès lors (16a) comme un « passif d'état » et (17a) comme une construction attributive en fonction de la possibilité ou de la non-possibilité de la transposition active à un temps composé.

Quelle que soit l'approche adoptée, le critère implicite de structuration syntaxique dérivant la phrase passive à partir de la phrase active soulève un certain nombre de questions épineuses. Qu'il s'agisse de la relation d'équivalence temporelle ou d'implication temporelle, le critère transformationnel « structuraliste » n'est en effet pas automatiquement applicable. Lamiroy (1993:55-9) montre que le sujet de l'actif disparaît normalement en cours de route sans être nécessairement converti en complément d'agent (18a-b) et que le complément d'objet direct de l'actif peut rester dans sa position initiale au passif (impersonnel[20]) sans être déplacé vers la position sujet (19a-b):

(18) a. Quelqu'un a ouvert la porte.
     b. La porte a été ouverte.
(19) a. On a vendu plusieurs livres.
     b. Il a été vendu plusieurs livres.

C'est un fait avéré que la passivation dépend de la classification des verbes. Ainsi des verbes transitifs comme *avoir* (verbes de possession) et *peser* (verbes d'équation) sont en principe non-passivables (20)-(21), alors que la passivation de verbes comme *saler* et *baisser*, quoique théoriquement possible, est soumise à des restrictions sélectionnelles (22)-(23):

(20) a. Pierre a un enfant.
     b. #Un enfant est eu par Pierre.
(21) a. Pierre pèse 60 kilos.
     b. #60 kilos sont pesés par Pierre.
(22) a. Quelqu'un a salé le lac.
     b. Le lac a été salé par quelqu'un.
(23) a. Marie a salé le plat.
     b. Le plat a été salé par Marie.
(24) a. Marie baissait les volets.

---

[20] On distingue parfois deux types de passif impersonnel (Gaatone 1998:117): le passif « promotionnel » impersonnel qui correspond à un passif promotionnel canonique de même sens notionnel (i)-(ii) et le passif essentiellement impersonnel qui n'a pas de passif personnel correspondant (iii)-(iv):
  (i) Une nouvelle méthode a été utilisée (par les chirurgiens).
  (ii) Il a été utilisé une nouvelle méthode (par les chirurgiens).
  (iii) #Une nouvelle méthode a été recourue (à) (par les chirurgiens).
  (iv) Il a été recouru à une nouvelle méthode (par les chirurgiens).
Sur la base de cette classification, nous pouvons affirmer que (19) relève d'un « passif promotionnel impersonnel » (v)-(vi):
  (v) Plusieurs livres ont été vendus.
  (vi) Il a été vendu plusieurs livres.

b. Les volets étaient baissés par Marie.
(25) a. Marie baissait les yeux.
b. #Les yeux étaient baissés par Marie.

(22) est pragmatiquement, et non pas grammaticalement, déviant: il est très peu probable qu'un agent humain ait salé *le lac*. Il en va tout autrement pour *le plat* dans (23). (25a-b) est inacceptable quand le SNobjet de l'actif désigne une partie du corps du SNsujet. Sans cette contrainte le renversement devient possible (24a-b). [21]

Nous ajouterons pour notre part que même dans les cas où le critère transformationnel actif/passif semble à première vue être applicable, les tests donnent des résultats très instables. Pour les verbes atéliques (ou « imperfectifs ») il s'agirait toujours d'un passif (de *Vorgang*), ce qui nous force à catégoriser (15a) et (26a) comme non-ambigus. Cela ne nous empêche pas de constater que la reconstruction sémantique à l'aide d'une paraphrase active est parfois dans de tels cas, pour le moins bizarre:

(26) a. « Vous partez déjà? » murmure-t-il. « Je <u>suis</u> un peu <u>fatigué</u>. Vous êtes très gentil de m'avoir invité. Au revoir. » (Sartre, 131[22])
b. Quelqu'un/quelque chose me fatigue un peu.

Malgré le caractère atélique du verbe *fatiguer*, le participe passé dans (26a) se comporte clairement comme un adjectif, d'où la compatibilité avec la modification adverbiale *un peu*. Ainsi le critère d'équivalence temporelle postulée entre la phrase passive et la phrase active d'un verbe transitif atélique se révèle inopérant. Il présuppose en effet la catégorisation préalable du participe comme verbe.

Ce qui est plus grave, c'est qu'une telle contrainte obscurcit le lien avec les constructions correspondantes, morphologiquement manifestées, dans d'autres langues.[23] Dans des langues germaniques comme l'allemand et le norvégien[24], il y a deux constructions passives

---

[21] Voir entre autres Blanche-Benveniste (1984), Leclère (1993) et avant tout Gaatone (1998) pour des contraintes générales liées à l'opération de passivation. On se reportera également à l'article de Lamiroy (1993) pour des arguments supplémentaires contre l'analyse par renversement: il ne s'agit pas de deux constructions entièrement équivalentes et il y a d'autres types de contraintes (sur les déterminants, le type aspectuel, etc.) qui bloquent l'automatisme d'un renversement actif/passif. Pour des remarques d'ordre typologique, voir Palmer (1994:119ss).
[22] Sartre, J.- P. *La Nausée*. Texte informatisé.
[23] Cf. les constructions passives opposant *werden* à *sein* comme auxiliaire en allemand.
[24] Voir Thieroff (1994).

Le passif périphrastique

morphosyntaxiquement distinctes qu'on classifie souvent comme *Vorgang* et *Zustand*, aussi bien pour les verbes téliques que pour les verbes atéliques. Selon Thieroff (1994:50), le verbe télique allemand *öffnen* (= *ouvrir*) aurait deux formes passives correspondant à cette opposition (*wird geöffnet* / *ist geöffnet*) tout comme le verbe atélique *lieben* (= *aimer*) (*wird geliebt* / *ist geliebt*). Rien n'interdirait donc théoriquement de traiter (15a) du français, hors contexte, comme ambigu même si cela, du moins à notre connaissance, n'a jamais été fait. Thieroff lui-même (ibid.) envisage en effet favorablement la possibilité d'une double interprétation des verbes atéliques, exemplifiée par l'italien, l'espagnol, le portugais, l'anglais, l'allemand, le norvégien et le néerlandais, mais ne la discute pas pour le français.[25] Quoi qu'il en soit, le sujet grammatical de (15) correspond sémantiquement au second argument du verbe de base quelle que soit l'interprétation choisie. L'analyse par renversement structural ne présente aucune solution à ce problème.

Il en va de même pour ce qui est des verbes téliques dont la catégorisation dépend de façon essentielle de la relation implicationnelle entre la phrase passive et active. On constate d'abord que le critère implicationnel, tel qu'il est défini par Authier (1972), est valable entre la phrase passive et la phrase active reconstruite, alors que tel n'est pas le cas pour l'inverse:

(27) a. La porte est ouverte. → On a ouvert la porte.
   b. On a ouvert la porte. – /→ La porte est ouverte.

Si la porte est (déjà) ouverte à un temps t simultané au moment de l'énonciation, quelqu'un l'a ouverte à un temps t_{i-1} antérieur à t. Vu l'ambiguïté du passé composé entre un véritable parfait et temps du passé, il n'est cependant pas forcément dit que la porte soit dans l'état ouvert à un temps simultané au moment de l'énonciation si quelqu'un l'a ouverte à un temps t_{i-1} antérieur à t. Il se peut qu'il y ait un point temporel entre t_{i-1} et t où la porte a été (re)fermée, ce qui rend invalide le raisonnement.[26] De plus, ce raisonnement n'est même pas

---

[25] Cf. Thieroff (1994:40-1).

[26] Authier (1972:71) souligne qu'« on ne doit pas considérer comme équivalents:
   le tonneau est vidé
   on a vidé le tonneau
car si *le tonneau est vidé* implique *on a vidé le tonneau*, la réciproque est fausse. Dans *le tonneau est vidé*, il y a une information de plus que dans *on a vidé le tonneau*, qui est: *le tonneau est vide*. Le sens de *le tonneau est vidé* est la conjonction:

nécessairement valide si l'on prend pour point de départ la phrase « passive » en *être*, comme le montre (28):

(28) a. Il habite, au sommet du Coteau Vert, une grande maison de briques, dont les fenêtres <u>sont</u> toujours grandes <u>ouvertes</u>. (Sartre, 46)

b. Les fenêtres sont toujours grandes ouvertes. – /→ On a ouvert les fenêtres.

Il s'agit certes dans (28a) d'une phrase statique où le participe passé passif a été formé à partir d'un verbe transitif télique avec le second argument dans la position de sujet grammatical, mais l'implication est pragmatiquement inappropriée. On pourrait imaginer un « monde possible » où les fenêtres en question sont dans un état d'ouverture permanent. Le participe passé se comporte en effet de nouveau comme un adjectif, d'où l'effacement de l'instigateur agentif:

(28) c. #Les fenêtres sont toujours grandes ouvertes par quelqu'un.

Ajoutons que *le plat* dans (23c) peut être salé sans implication d'une opération antérieure de salage[27]:

(23) c. Le plat est salé.

La négation du passif constitue un argument supplémentaire contre le renversement structural. Comme l'affirme Claude Muller (communication personnelle), la négation éloigne la tentation de relier étroitement le passif d'« état » à un antérieur actif. Ainsi, *la porte n'est pas fermée* ne correspond pas à *quelqu'un n'a pas fermé la porte auparavant*, mais plutôt à *la porte est (restée) ouverte*.

---

on a vidé le tonneau ∧ il est vide. »

Malgré ces remarques, le passif A_2 (passif d'état) dans le système d'Authier est paradoxalement dérivé à partir d'une structure profonde contenant le temps composé correspondant (cf. 12e).

Au contraire, Vikner (1985:100) se sert du test implicationnel pour souligner que c'est la phrase active au passé composé qui implique la phrase en *être*, et non pas l'inverse. « Autrement dit, (14) implique (15):

(14) Quelqu'un a fermé la porte.

(15) La porte est fermée.

Tandis que la même chose ne vaut pas pour les verbes de situation, (16) n'implique pas (17):

(16) Quelqu'un a caressé Eric.

(17) Eric est caressé. »

Comme il ressort de ce qui précède, nous ne souscrivons pas au raisonnement de Vikner.

[27] Voir à cet égard Muller (2000).

Le critère implicationnel est donc soumis à des contraintes pragmatiques. De plus, il semble dépendre de façon essentielle du choix des temps verbaux. Du moment où les spécifications contextuelles sont appropriées, les structures dans (16g), contenant des formes verbales morphosyntaxiquement simples, semblent permettre, au moins théoriquement, aussi bien les dérivations dans (16h) que celles dans (16i):

(16) g. Un barrage est/sera/était/serait/fut érigé.

h. On érige/érigera/érigeait/érigerait/érigea un barrage.

i. On a érigé/aura érigé/avait érigé/aurait érigé/eut érigé un barrage.

Cette hypothèse semble être corroborée par le fait que les dérivations ci-dessus reflètent assez fidèlement l'intuition d'une distinction *dynamique/statique*. La situation est beaucoup plus complexe pour les temps composés. Il existe certes des formes dites surcomposées, comme le passé surcomposé et le plus-que-parfait surcomposé, mais même dans les cas où de telles formes sont effectivement disponibles, la transposition à un temps + composé donne des résultats plus ou moins aberrants. Les structures dans (16j) auraient ainsi pour formes « correspondantes » des temps + composés (16k):

(16) j. Un barrage a été érigé/avait été érigé/aura été érigé/aurait été érigé/eut été érigé.

k. On a eu érigé/avait eu érigé/?aura eu érigé/?aurait eu érigé/??eut eu érigé un barrage.

Vu le caractère pour le moins insolite de ces dérivations, la généralité de la transposition passive/active, structurellement définie, nous semble douteuse: les temps dits surcomposés ne sont acceptables que dans des contextes très spécifiques. Ce dernier type de problèmes a en effet été noté par d'autres linguistes. Schmitt Jensen (1963:62) souligne que le critère formel de la distinction entre *Vorgang* et *Zustand* ne fonctionne généralement pas pour les temps composés[28], ce qui entraînerait la « neutralisation » de la distinction: « les deux significations sont si proches qu'on peut considérer la différence entre *Vorgang* et *Zustand* comme nulle. » Il serait, selon cette hypothèse, impossible de trancher la question d'ambiguïté si la phrase en *être* était à un temps composé. Mais tel n'est pas le cas. Comme le note

---

[28] Exception faite du passé composé dans sa valeur temps du passé qui, selon Schmitt Jensen, se comporte comme le passé simple (*Vorgang* sauf dans des cas particuliers).

Schmitt Jensen lui-même (1963:76-7), si nous avons, pour les temps composés, « normalement un *sens* de procès (≠ *Vorgang*) » (29), le « sens de résultat semble assez net dans plusieurs cas » (30):
(29) Une décision a été prise en ton absence.
(30) Paars, après la libération, a été arrêté trois jours.
De là on peut conclure que l'analyse par renversement ne présente aucune solution *directe* pour traiter l'origine de la différence et les ressemblances entre les interprétations statiques de (15a) à (17a). Le critère transformationnel dérivant la phrase passive à partir d'une phrase active n'est pas applicable sans exceptions et le participe passé passif, qu'il soit issu d'un verbe télique ou atélique, peut avoir un caractère non-verbal s'approchant de l'adjectif. En outre, une telle analyse néglige le fait que l'argument remplissant la fonction sujet dans les structures en question correspond sémantiquement au second argument (ou à l'objet sélectionnel) du verbe de base: aimer quelqu'un, ériger quelque chose, trouer quelque chose, etc. Il existe en effet un lien intuitif entre les structures *être* $+Vtr_{pp}$ et les propriétés lexico-syntaxiques du verbe principal, que l'interprétation soit dynamique ou statique. Rien de tel n'a été soulevé par les analyses par renversement structural. Sur la base de ces observations, on peut remettre en question la dissymétrie postulée entre les structures en *être* formées à partir de verbes téliques et atéliques. Ce qui reste à faire, c'est de rapporter les énoncés statiques dans (15a)-(17a) à une nouvelle définition étendue de la catégorie du passif. Plus généralement, il reste à déterminer l'origine de constructions en *être*, à première vue structurellement identiques, sans qu'on fasse intervenir l'opération de renversement structural actif/passif. C'est vers de telles solutions que nous nous tournerons maintenant.

1.2.4 Le passif et la manipulation lexico-syntaxique
1.2.4.1 Remarques préliminaires
Les analyses du passif enracinées dans des spécifications d'ordre lexical n'ont en effet rien de nouveau. Elles peuvent être rapportées à la fois à des approches valencielles et à des approches génératives. A la suite de Tesnière (1959), un grand nombre de linguistes définissent le passif comme une diathèse récessive réduisant le nombre d'arguments par

la suppression du sujet.[29] Depuis la parution de Chomsky (1981), d'autres linguistes visent à expliquer la réduction (ou la restructuration) valencielle à travers des principes fondamentaux de la grammaire générative et l'interaction entre des sous-théories. Nous examinerons d'abord les propositions de Gaatone (1998); elles nous permettront de soulever un certain nombre de questions liées aux définitions du passif, d'inspiration lexicaliste.

1.2.4.2 Gaatone (1998)
1.2.4.2.1 Vers une définition formelle et restrictive du passif
La démarche de Gaatone est sémasiologique: l'auteur s'appuie sur des critères formels pour proposer une définition restrictive du passif qui permette d'inclure dans la catégorie un nombre limité de constructions et d'en exclure certaines constructions « passivoïdes »:

> (vi) Est dit passif tout participe passé dont le support n'est pas le premier argument de son lexème verbal, et est raccordable à ce support par *être*, indépendamment du temps-aspect. (Gaatone 1998:27)

On notera d'abord que cette définition diffère totalement de celles qui ont été proposées dans 1.2.2. Le passif n'implique plus le renversement d'une structure active postulée comme sous-jacente. Il n'est même pas nécessaire d'établir un rapport entre deux structures phrastiques. Les éléments essentiels de (vi) sont par contre le *participe passé*, son *support*, l'ordre des *arguments* du *lexème verbal* et l'élément *être*. D'après cette définition, le lexème verbal, à partir duquel se dérive le participe passé, constitue une base commune à toutes les formes d'un verbe donné possédant une structure argumentale (ou valencielle). Il faut que l'élément sur lequel le participe passé (PP) « s'appuie » (= son support) n'en soit pas le premier argument (ou le prime actant). Quant à la structure argumentale, elle désigne les « correspondants sémantiques des fonctions essentielles liées au verbe, à savoir le sujet et les objets » (1998:28). Le premier argument se réalise dans une phrase active comme sujet, le deuxième argument apparaît dans la fonction d'objet unique (direct ou indirect) ou comme premier objet (COD) pour les verbes (actifs) à deux objets. Le troisième argument occupe pour sa part la position d'objet indirect second.

---

[29] Cf. entre autres Karasch (1982), Siewierska (1984), Lamiroy (1993) et Herslund *et al.* (à paraître).

L'un des avantages qu'offre, selon Gaatone, l'emploi du terme « argument » est qu'il permet de considérer le sujet de l'actif et l'agent du passif comme « deux réalisations du premier argument » de la même base verbale. Le verbe *être* dans la définition de Gaatone a un statut particulier dans la mesure où il ne doit pas être nécessairement réalisé pour qu'il y ait passif. Il s'agit d'un élément qui, tout comme le verbe copule, permet de faire le raccord entre un prédicat et son support, le terme « auxiliaire » étant réservé à l'emploi de *être* et d'*avoir* devant un participe passé à l'aspect accompli. Si Gaatone intègre *être* dans sa définition, c'est que ce verbe permet d'exclure de la catégorie des passifs les constructions « pronominales moyennes » (*ce roman s'est vendu à des milliers d'exemplaires*) et les actifs impersonnels (*il est arrivé un malheur*). Dans ce genre de constructions, on constate que si le « support » du PP n'est pas le premier argument de la base verbale, « *être* y est auxiliaire aspectuel et [que] les phrases restent possibles aux temps simples, contrairement au passif » (1998:29). Gaatone souligne cependant (ibid:29) qu'il « n'en reste pas moins qu'un passif n'est pas nécessairement une proposition ou une phrase (...) Etre ne doit donc pas constituer un ingrédient de la définition » (c'est nous qui soulignons). Le rôle que joue l'élément *être* dans la définition de Gaatone ne nous semble pas bien tranché: il doit d'abord être « mentionné » pour le distinguer des vrais « auxiliaires » à l'aspect accompli, mais en même temps il ne constitue pas nécessairement un « ingrédient de la définition ». Nous reviendrons sur cette question.

Constatons d'abord que la définition de Gaatone présente un certain nombre d'avantages. Son objectif était, rappelons-le, d'éviter des classifications trop hétérogènes, issues d'un continuum de constructions « plus ou moins passives ». Sur la base de cette définition, on peut en effet, selon l'auteur, assez facilement établir si une construction appartient à la catégorie du passif. Sont exclues par la définition des structures qui admettent une expansion en *par SN* sans contenir de participe passé passif (*la découverte de l'Amérique par Christophe Colomb*), des phrases attributives où l'attribut est un SA ayant la forme d'un participe passé passif, « non rattaché synchroniquement à un lexème verbal » (*cette vallée est encaissée*), des phrases actives à forme verbale composée avec être (*il est parti; il est évanoui*), des constructions converses (*x a donné y à z / z a reçu un y de x*) et *voir + infinitif* (*les céréales ont vu leur prix augmenter*). Nous ajouterons pour notre part les constructions « passivoïdes » de Blanche-Benveniste (1984), qui sont toutes exclues par (vi), du type *se faire + infinitif* (*il s'est fait renverser par une voiture*), *ça se + verbe* (*ça se fait facilement*), *se voir + infinitif* (*il s'est vu refuser l'entrée*), *avoir N (de) participe passé* (*il a une vitre brisée*) et *il y a N (de) + participe passé* (*il y a un couvert de mis*).

Les structures qui sont incluses par la définition se limitent au passif « promotionnel », généralement qualifié de passif classique ou canonique (31a), au passif « promotionnel impersonnel » (31b) et au passif « essentiellement impersonnel » (31c):

(31) a. Une enquête a été menée (par la police).
 b. Il a été mené une enquête (par la police).
 c. Il a été procédé à une enquête (par la police).

Soulignons également que la construction participiale dans (32) est, d'après la définition de Gaatone, un passif:

(32) Un problème mal compris par la population.

Dans toutes les structures incluses par la définition on trouve un participe passé (passif) dont le support ne correspond pas au premier argument du lexème verbal. Le participe passé est de plus raccordable à son support par *être* indépendamment du temps aspect (cf. *une enquête est menée par la police / il est mené une enquête par la police*; *il est procédé à une enquête par la police / un problème (qui) a été mal compris par la population*, etc.). Les énoncés statiques comme (33)-(35) sont également des passifs à part entière:

(33) La porte est (déjà) fermée.
(34) L'affaire est (déjà) réglée.
(35) Le vase est (déjà) cassé.

On voit ainsi pourquoi le passif ne peut plus être considéré comme le renversement d'une structure active. Pour le passif essentiellement impersonnel (31c), le deuxième argument de la base verbale, construit indirectement, reste dans sa position initiale, et la position sujet est tenue par un pronom non-argumental (il ne s'agit donc pas du premier argument du lexème verbal, ce qui est bien conforme à la condition requise par Gaatone). Le renversement de la structure active (31d) dans (31e) serait en effet clairement agrammatical:

(31) d. La police a procédé à une enquête.
 e. #Une enquête a été procédé (à) (par la police).

Pour le passif d'« état » (33)-(35), il n'y a aucune équivalence non plus – on l'a déjà constaté – entre l'actif et le passif, mais le participe passé (passif) s'appuie sur un « support » distinct du premier argument de la base verbale. Comme le dit Gaatone (1998:33), la passivation « n'implique *a priori* aucune « transformation », ni « dérivation » de l'actif vers le passif, ni d'ailleurs l'inverse, ni même aucune antériorité de l'un par rapport à l'autre. »

Considérons alors la logique du raisonnement de Gaatone et certaines conséquences particulières de son analyse. Soulignons d'emblée que nous considérons son approche comme un progrès incontestable dans le cadre de la syntaxe française par son souci de vouloir restreindre le domaine de la passivation sans recourir au critère aléatoire de renversement structural entre phrase active (de départ) et phrase passive (dérivée). Ce sont les propriétés lexicales du participe passé qui contraignent l'insertion syntaxique. En même temps son approche soulève un certain nombre de questions que nous allons maintenant considérer.

1.2.4.2.2 Conséquences de l'approche de Gaatone
Toute définition doit pouvoir fournir une réponse à la question « qu'est-ce qu'un x ». Plus particulièrement elle doit contribuer à régler la catégorisation de x. Tous les participes passés, instances passées, présentes et futures, sont passifs s'ils ont pour « support » un élément qui n'est pas le premier argument de la base verbale (a). Il faut de plus que les participes passés soient accordables à leur « support » par *être*, et cela indépendamment du temps-aspect (b). (a) et (b) sont désormais à considérer comme une conjonction de conditions nécessaires et suffisantes. Selon Gaatone, il s'agit dans (vi) d'une définition « extrêmement restrictive ». Est-elle pour autant *suffisamment* restrictive? Nous verrons ci-dessous que tel n'est pas le cas. Considérons à cet égard deux cas distincts.

(i) Dans un certain nombre de théories syntaxiques dérivationnelles, telles que la Grammaire Relationnelle de Perlmutter et Postal, la théorie chomskyenne des Principes et des Paramètres, et la Grammaire Lexico-Fonctionnelle de Bresnan,[30] on trouve une variante de

---

[30] Pour les références « classiques », voir Perlmutter (1978) (la Grammaire Relationnelle) et Burzio (1986) (la théorie des Principes et des Paramètres). Bresnan et Zaenen (1990) adaptent l'hypothèse inaccusative au formalisme de la Grammaire Lexico-Fonctionnelle. Ce dernier article contient également une comparaison entre ces trois types de théories génératives. La GR et la PPT sont des théories à déplacement. La LFG est une théorie « monostratal » qui rend compte de l'hypothèse

Le passif périphrastique

l'hypothèse inaccusative (*unaccusative hypothesis*) selon laquelle un certain nombre de verbes à un seul argument ont un sujet structural dérivé à partir d'une position postverbale d'objet. Ils n'assignent pas le Cas à leur (seul) argument interne, ils n'ont aucun argument externe et leur argument interne (direct) doit se déplacer vers la position sujet (initialement vide) pour satisfaire à des conditions plus générales, requises par la (les) théorie(s). Ainsi *arriver, venir, partir, mourir, s'évanouir, s'ouvrir, se briser*, etc. sont des verbes typiquement inaccusatifs (ou ergatifs): ils prennent *être* pour auxiliaire de l'aspect accompli, ils expriment généralement un changement d'état et ils ont pour sujet formel (dérivé) des non-agents.[31] Le nombre de verbes inaccusatifs en français est très élevé, comme en témoigne l'étude détaillée de Legendre (1994:59-134)[32]. Contrairement à ce type de verbes, les verbes inergatifs comme *courir, tousser, dormir, travailler*, etc. sont de vrais « intransitifs »: leur seul argument est généré directement dans la position sujet sans dérivation syntaxique préalable, ils n'expriment pas intrinsèquement un changement d'état et ils peuvent avoir pour sujet (non-dérivé) un agent au vrai sens du terme.[33] Nous aurions donc, selon la grammaire chomskyenne des

---

inaccusative à l'aide du « mapping » entre la structure argumentale et la f-structure. Voir également Alsina (1996).

[31] Nous reviendrons ci-dessous plus longuement sur les propriétés des verbes dits inaccusatifs ou ergatifs. Notons que le dernier critère présuppose que le sujet dérivé de verbes du type *aller, venir, arriver, partir*, etc. soit traité comme non-agentif. Selon Zribi-Hetz (1987:28), il y a en effet de fortes raisons de croire que le statut de l'argument externalisé de ces verbes est distinct de celui des verbes inergatifs à agent externe initial.

[32] Voici quelques verbes « inaccusatifs » cités par Legendre: *aller, apparaître, arriver, augmenter, baisser, bouillir, brûler, brunir, casser, changer, cicatriser, cristalliser, décéder, descendre, disparaître, éclater, éclore, entrer, être, exister, exploser, fermer, fleurir, fondre, geler, grandir, grossir, guérir, jaillir, mariner, monter, mourir, naître, noircir, ouvrir, périr, pâlir, paraître, partir, peler, pousser, rôtir, rester, revenir, rouiller, s'éloigner, s'éteindre, s'évader, s'évanouir, s'aggrandir, s'asseoir, s'effacer, s'enfuir, s'envoler, s'esquiver, s'exiler, s'ouvrir, sécher, se blottir, se briser, se cacher, se casser, se décourager, se disperser, se dissimuler, se modifier, se noyer, se pâmer, se réfugier, se réunir, se recroqueviller, se retirer, se rouiller, se saoûler, se taire, se tapir, sombrer, sortir, surgir, tomber, venir* et *vieillir.*
Voir également Ruwet (1991).

[33] Selon Legendre (1994) on peut citer comme inergatifs les verbes suivants: *agir, bégayer, balbutier, blémir, boiter, cogner, courir, danser, déambuler, errer, éternuer, flâner, gémir, jouer, méditer, mendier, persévérer, régner, rêver, ronchonner, sauter, sautiller, souffler, souffrir, sourire, subsister, suer, tousser, trébucher, travailler* et

Principes et des Paramètres (PPT), la D-structure d'un verbe inaccusatif dans (36a) et celle d'un verbe inergatif dans (36b):
(36) a. Verbe inaccusatif: _ [$_{SV}$ V SN]
b. Verbe inergatif: SN [$_{SV}$ V]

Gaatone ne défend ni ne rejette explicitement l'hypothèse inaccusative: il la présente d'une façon critique et argumentée (pages 133-4) quand il étudie la passivabilité des verbes de mouvement, mais sans aboutir à une conclusion décisive: « aucune tendance claire ne semble véritablement se dégager de la comparaison entre verbes de mouvement passivables et impassivables ».

Il n'en reste pas moins que l'hypothèse inaccusative et l'existence des verbes dits inaccusatifs lui font problème dans sa définition du passif. Si le verbe *être* ne constituait pas un ingrédient nécessaire de la définition (vi) (condition b), on constate que tous les verbes inaccusatifs devraient être passifs d'après la condition essentielle (a).[34] Le « support » du participe passé n'est justement pas le premier argument du lexème verbal. Comme il ne s'agit pas de quelques cas exceptionnels, la définition (vi) doit être modifiée pour que soient surmontés les problèmes que soulève la classe de verbes inaccusatifs définie à partir de critères configurationnels et sémantiques.

(ii) Gaatone a eu pour objectif, rappelons-le, d'écarter, « puisque partant du PP, toutes sortes de structures formellement proches du passif » (1998:30). *Encaissé*, *heurté* et *fourbu* dans *cette vallée est encaissée*, *le style de Paul est heurté* et *Paul est fourbu* sont ainsi des adjectifs, d'où leur exclusion de la catégorie du passif, n'étant pas rattachés, du moins synchroniquement, à des lexèmes verbaux. Gaatone fait de la différence entre adjectif et participe passé passif une question de « rattachement synchronique à un lexème verbal ». Ce critère reste néanmoins très vague. *Lié* et *attaché*, au sens psychologique, dans *l'enfant était lié / attaché à sa mère* sont, selon l'auteur, à considérer comme des adjectifs (1998:17) plutôt que comme des

trottiner. Ruwet (1991:144) cite les verbes suivants comme inergatifs: *agir* (verbe inergatif par excellence), *réagir*, *rire*, *tricher*, *capituler*, *régner*; ainsi qu'un grand nombre de verbes qui se construisent avec un complément indirect (*mentir*, *sévir*, *jongler*, *compter*, etc.).

[34] Comme nous allons le voir plus loin, c'est l'inverse qui est le cas: les participes passifs constituent un sous-groupe des verbes inaccusatifs. Donc la proposition « tous les verbes passifs sont inaccusatifs » peut être jugée vraie, alors que « tous les verbes inaccusatifs sont passifs » est fausse.

participes passés passifs, sans pour autant qu'on puisse nier leur « rattachement synchronique » à des lexèmes verbaux. Gaatone explique (1998:52-61) la syntaxe « hybride » du participe passé par sa double filiation à l'adjectif et au verbe. Tout comme l'adjectif, le participe passé peut se trouver remplacé par le pronom neutre *le*, il occupe dans l'ensemble les mêmes positions syntaxiques qu'un SA (épithète postposée, épithète détachée, attribut du sujet, attribut de l'objet, attribut « non essentiel »), il peut être préfixé par *in-* et modifié par *très*. Tout comme le verbe, le participe passé peut parfois admettre certains adverbes de manière (*bien* / *mal*), une spécification agentive en *par* (*préparé à l'examen par le professeur* / #*prêt à l'examen par le professeur*) et il peut apparaître assez librement dans une construction impersonnelle (*il n'est exigé aucune connaissance* / #*il n'est définitif aucune connaissance*). Sur la base de telles observations, Gaatone conclut que le participe passé passif et l'adjectif qualificatif ne peuvent être regroupés sous une même catégorie. A la limite – tel est son point de vue – on peut recourir à une grande classe d'« adjectivaux », mais aucune assimilation « pure et simple » du participe passé passif à l'adjectif qualificatif n'est envisageable.

L'une des conséquences frappantes de son analyse est qu'il n'y a aucune différence de principe entre la phrase statique et la phrase dynamique *être* + *participe passé passif*:

« ... une phrase dite d'« état », du type *la porte a été longtemps ouverte* (...), n'est pas moins passive que celle à complément d'agent, plus communément admise comme « véritablement » passive, *la porte a été ouverte par le concierge*, désignant, elle, un procès. » (Gaatone 1998:176)

Dans les deux cas, le « support » du participe passé passif (*la porte*) est le deuxième argument du lexème verbal et les participes sont raccordables au « support » par *être*, « indépendamment du temps-aspect ». Comme il n'y a ni de différence catégorielle ni de ligne dérivationnelle entre les divers participes passés passifs, le système de Gaatone ne peut accorder, sur l'échelle de « passivité », à la phrase dynamique ci-dessus un statut supérieur à la phrase statique. Aussi n'évite-t-il pas une fâcheuse conséquence en ce qui concerne la ± spécification agentive. Selon Gaatone, le complément d'agent correspond au « premier argument du lexème verbal. Il est sous-catégorisé par ce lexème verbal exactement comme l'est le sujet du verbe à la forme active » (1998:186). L'idée sous-jacente à cette analyse est que le premier argument de la base verbale, quoique non-réalisé dans sa position canonique, conserve son statut argumental, ce qui expliquerait sa réalisation facultative en S(yntagme) P(répositionnel). C'est pourquoi la définition (vi) ne fait aucune allusion au sort du premier argument. Ce dernier peut être explicite ou implicite, mais il est néanmoins sous-catégorisé par le lexème verbal. Si une telle hypothèse paraît, à première vue, naturelle pour le passif (promotionnel) canonique (37a), il en va tout autrement pour le passif d'« état » (37b):

(37) a. La porte a été ouverte (par le concierge).
 b. La porte a été longtemps ouverte (#par le concierge).

Cette opposition est en effet – comme nous allons le voir plus loin – systématique. Le passif d'« état » accepte beaucoup plus difficilement que le passif « dynamique » une spécification agentive proprement dite sans toutefois l'exclure. Le degré d'acceptabilité variable entre (37a-b) ne va pas de soi si l'on s'en tient à la définition « unifiée » du passif dans (vi) qui n'admet aucune différenciation catégorielle entre les participes passés passifs *ouvert* statique et *ouvert* dynamique. La question est alors de savoir d'une part pourquoi le premier argument de la base verbale dans (37b) ne peut être réalisé et d'autre part si les corrélations dans (37a-b) doivent être prévues par la définition du passif. Le « rattachement synchronique à un lexème verbal » ne constitue donc pas un critère sûr pour la différenciation entre participe passé passif et adjectif qualificatif: nous voyons que le participe passé, tout en étant rattaché synchroniquement à un lexème verbal (*ouvrir*), peut être entièrement « stativé » et se comporter comme un « adjectif pur » sans impliquer la moindre présence d'un agent instigateur (37b).

Sur la base de ces remarques, on peut conclure que la définition (vi) de Gaatone doit être modifiée pour plusieurs raisons:

(a) Elle ne peut établir de rapport nécessaire entre les verbes inaccusatifs et les participes passés passifs.

(b) Elle suppose une catégorisation unifiée du participe passé passif qui laisse en suspens un certain nombre de questions concernant leur comportement, tel que leurs corrélations avec une spécification agentive proprement dite.

Ajoutons que le rôle de la structure argumentale par rapport à l'insertion syntaxique n'est pas élaboré de façon systématique (s'agit-il d'une représentation lexico-sémantique ou lexico-syntaxique?) et que le statut de l'élément *être* est loin d'être réglé une fois pour toutes. Ce dernier doit d'abord être « mentionné » pour exclure de la catégorie du passif les constructions pronominales et les constructions impersonnelles actives, mais en même temps il ne joue qu'un rôle secondaire (« il ne doit pas constituer un ingrédient de la définition ») par rapport au participe passé dans la délimitation du phénomène passif. Avant d'aborder en détail ces problèmes définitoires, nous tenons à souligner que l'approche de Gaatone n'est pas la seule à avoir été élaborée ces dernières années en vue d'unifier la syntaxe de (37a-b) tout en maintenant leurs différences sémantiques.

1.2.4.3 La structuration syntaxique unifiée du passif
Selon Sørensen (1987) et Herslund *et al.* (à paraître), le passif se définit comme une catégorie fonctionnelle, caractérisée par la « rétrogradation » (« *démotion* ») de l'agent et la promotion du patient. Il s'ensuit que les deux types de passifs de la tradition grammaticale (passif d'« action »/passif d'« état ») seraient classifiés comme des passifs dans le système de Herslund *et al.* La différence réside dans le fait que les linguistes danois rejettent explicitement, pour le passif du français, la « double analyse traditionnelle » en optant pour une seule structure attributive. L'argumentation vise à montrer que le verbe *être*, qu'il s'agisse de l'interprétation dynamique ou statique, est un verbe « plein » suivi d'un participe passé – attribut du sujet. Les deux énoncés dans (38a-b) se voient par conséquent attribuer une seule structuration syntaxique (38c) malgré la différenciation sémantique nette:

(38) a. La porte est ouverte (en ce moment) (= interprétation dynamique).
   b. La porte est déjà ouverte (= interprétation statique).
   c. N(om)$_{SUJET}$ est V - é$_{ADJET}$

Cette analyse servirait, selon ses auteurs, à surmonter des problèmes posés par des approches traditionnelles et que celles-ci ne peuvent traiter sans aboutir à des absurdités.[35] La « double analyse » étant con

---

[35] « Den dobbelte analyse, der associerer tilstands-betydningen med en prædikatskonstruktion og proces-betydningen med en passivform af verbet fører i virkeligheden til urimeligheder og absurditeter. Den fører således til at sige, at man har to forskellige konstruktioner, henholdsvis passiv og prædikatskonstruktion, i a. og b.:
   a. La porte fut/sera fermée à 10h. (« bliver »)
   b. La porte fut/sera fermée de 10h à 13h. (« er »)
Den dobbelte analyse fører altså til den konklusion, at den syntaktiske konstruktion

sidérée comme absurde, elle sera remplacée par une structuration syntaxique unique qui s'appuie sur un grand nombre de tests structurels[36]:

(1) Le verbe *être* dans la construction passive serait un verbe plein plutôt qu'un verbe auxiliaire: Il n'y aurait aucune restriction sur l'emploi du verbe *être* dans les périphrases passives (39), ce qui le distinguerait de son emploi comme auxiliaire dans (40):

(39) La porte a été fermée/avait été fermée/aura été fermée.

(40) Quand Jean a été venu/#avait été venu/#aura été venu.

(2) Le test de coordination montrerait que le participe passé dans la construction passive est un attribut du sujet. Le participe passé précédé du verbe *être* peut en effet être coordonné avec un attribut du sujet ayant pour constituant une autre catégorie lexicale, ainsi que l'illustre (41):

(41) Cette conception générale du problème n'est ni un produit du hasard, ni imposée par la nature elle-même.

(3) Le syntagme participe passé peut, tout comme les autres constructions attributives, fonctionner comme attribut de l'objet, épithète, prédicat dans une construction absolue, attribut libre et apposition (42a-e):

(42) a. On le croyait condamné à mort.

b. Un homme condamné à mort...

c. L'accusé condamné, le tribunal se retire.

d. Condamné pour crimes contre l'humanité, l'accusé est exécuté.

e. L'ancien officier SS, condamné pour crimes contre l'humanité, ...

---

varierer som en funktion af det valgte tidsadverbial: med *à 10h.* har man en passivform af verbet *fermer*, med *de 10h à 13h.* har man en prædikatskonstruktion med participiet *fermé.* I virkeligheden er det eneste argument for denne analyse de betydningsforskelle, man kan konstatere. Men at sige, at *être + participe passé* kan høre til to forskellige aktionsarter (Vikner 1985:101), tvinger vel ikke til at sige, at der foreligger to forskellige syntaktiske konstruktioner. Og hvis en sætning som følgende, der uomtvisteligt er en prædikativ konstruktion, hvor man overhovedet ikke kan tale om passiv, kan have ingressiv betydning, altså proces-betydningen (cf. Vikner 1985:110):

c. Elle sera contente. (« bliver »)

hvorfor skulle a. ovenfor så ikke også kunne være en prædikativ konstruktion? » (Herslund *et al.* (à paraître):9).

[36] Les exemples cités ci-dessous sont empruntés à Herslund *et al.* (à paraître):6-9.

(4) L'argument le plus important pour montrer que le participe passé dans des constructions passives fonctionne comme attribut du sujet concerne la substitution par *le*. L'insertion d'un *le* invariable, que l'interprétation soit dynamique ou statique, parlerait, selon Herslund *et al.* (à paraître), en faveur de cette analyse:

(43) Puis Marcel a été mis en cause, ou, plus exactement, j'ai cru qu'il l'était.

Au contraire, le participe passé qui se combine avec l'auxiliaire des temps composés ne peut être remplacé par *le*:

(44) #Jean est venu à 5h et sa soeur l'est aussi.

Sur la base de ces tests, Herslund *et al.* peuvent conclure qu'il n'y a aucune différence syntaxique pertinente entre des exemples comme (38a-b). La question est de savoir si c'est la seule conclusion qu'on puisse tirer de ces tests.

En ce qui concerne (1), il n'est pas sûr que le statut d'auxiliaire attribué au verbe *être* soit responsable de l'agrammaticalité. Nous savons que l'emploi de *être* aux temps surcomposés est plus restreint que celui du verbe *avoir*:

(45) Quand elle avait eu terminé son travail, elle partit.

Ainsi, l'opposition ± AUX n'explique pas nécessairement la différence d'acceptabilité entre (39) et (40). Il se peut que les restrictions pesant sur l'emploi des temps verbaux dans (40) soient plutôt d'ordre sémantique, ce qui illustre la difficulté de manipuler les paramètres inhérents au système temporel du français.

Quant aux test (2)-(4), on notera que les données sont également compatibles avec la « double analyse ». Rien ne nous empêche de croire que la coordination entre un SN dans la position attribut du sujet et un syntagme participe passé a lieu justement dans les cas où le participe recouvre un caractère plus ou moins clairement adjectival (2). Que le syntagme puisse fonctionner comme attribut de l'objet, etc. n'implique pas que *tous* les participes d'un verbe transitif ont la même fonction syntaxique (3). Bien au contraire, il semble que seul le participe passif « verbal » puisse faire partie d'une construction absolue:[37]

(42) e. #L'accusé malade, le tribunal se retire.

Finalement, la substitution par *le* est nettement plus admissible quand le participe a un caractère adjectival:

---

[37] Voir à cet égard Legendre (1994:108).

(46) a. La porte est déjà ouverte et la fenêtre l'est aussi.

b. ?La porte est (en train d'être) ouverte par Jean et la fenêtre l'est par Anne.

Nous montrerons ci-dessous qu'il y a de bonnes raisons de croire que le participe passif verbal peut être transformé en un adjectif et que cette hypothèse a des conséquences syntaxiques hautement pertinentes. La grammaire générative chomskyenne nous fournit un cadre précis pour formuler ce genre d'hypothèses.[38]

1.2.4.4 Le passif verbal

L'entrée lexicale d'un verbe donné doit spécifier, indépendamment du cadre théorique choisi, le nombre d'arguments sélectionnés par le verbe. Si l'on adopte les principes (au sens non-technique du terme) de la théorie générative, on peut dire que le verbe *battre* est un prédicat divalent à deux arguments auxquels on peut assigner des rôles thématiques (ou sémantiques). Il faut ainsi savoir *comment* les rôles thématiques sont assignés aux arguments du verbe. Autrement dit, pour que la phrase soit bien formée, les arguments du prédicat doivent être associés aux rôles thématiques d'une façon appropriée.

Les deux arguments du prédicat *battre*, ayant pour rôles thématiques agent et patient, occupent dans la phrase active (47a) les positions de sujet et de complément d'objet. Au contraire, le prédicat passif dans (48a) n'assigne pas le rôle agent à un S(yntagme) N(ominal) dans la position de sujet ou d'objet:

(47) a. La Norvège a battu la France.

(48) a. La France a été battue par la Norvège.

En effet, il est généralement reconnu que la présence d'un S(yntagme) P(répositionnel), introduit pour le français par la préposition *par*[39], ne fait pas partie des propriétés définitoires du passif. Keenan (1985) montre dans une perspective typologique que le passif de base (*basic passive*) ne contient aucun « complément d'agent ».[40] Nous savons également que les constructions passives du français sans spécification

---

[38] Pour des arguments supplémentaires contre une analyse unifiée du participe passé passif comme adjectif, voir Siewierska (1984:145-9).

[39] Le SP peut également être introduit par une autre préposition comme *de*.

[40] Rappelons que plusieurs langues, citées entre autres dans Siewierska (1984), Shibatani (1985:831), Jaeggli (1986:602) et Brahim (1996), n'acceptent même pas la spécification agentive au passif.

agentive sont beaucoup plus fréquentes que l'inverse.⁴¹ Conformément à ces idées, la syntaxe générative traite le SP de (48a) comme un *non-argument* occupant une A'-position (non argumentale) dans la structuration syntaxique. L'essentiel est que l'affixation d'un morphème passif entraîne une modification de la structure argumentale du verbe. L'entrée lexicale du verbe actif *battu* et celle du verbe passif *battu* pourraient prendre la forme de (47b) et de (48b). Il ressort de ces représentations que seul le verbe actif possède un argument externe:⁴²

(47) b. battu, V: $\underline{1}$, 2
(48) b. battu, V$_{passif}$: 2

La forme participiale passive *battu* peut être lexicalement dérivée à partir de la forme participiale active *battu*. L'identité entre les deux participes dans (47a) et (48a) est dès lors purement formelle. Les formes participiales actives et passives ont en effet des propriétés fondamentalement distinctes. L'argument externe est « supprimé »⁴³ dans l'entrée du verbe passif dans (48b). La morphologie verbale passive implique que le rôle thématique de l'argument externe du verbe, en l'occurrence l'agent, ne peut être assigné au sujet de la phrase passive. Selon Chomsky (1981:124), l'une des propriétés fondamentales du passif est justement que la position sujet ne reçoit

---

[41] Le Goffic (1993:203) renvoie à un sondage effectué en 1970 qui montre qu'une tournure passive sur quatre comporte un complément d'agent (en *par, de* ou une autre préposition). Nous citerons à titre d'exemples: La porte est ouverte *par* la concierge/Il est accompagné *de* sa soeur/*Chez* les jeunes, à l'inverse, cette recherche d'un bonheur à l'extérieur du monde du travail est évidemment plébiscitée. (L'Express, le 4 mars 1993) On comparera ces chiffres avec les remarques de Huddleston (1984:441) à l'égard de l'anglais: « ... textual studies show that some 75%-80% of passives are agentless. » Voir pour des remarques similaires dans une perspective typologique, Siewierska (1984:35), Verluyten (1984:84), Shibatani (1985:831) et Herslund *et al.* (à paraître). Shibatani (1985:844) parle de la défocalisation agentive incomplète si la phrase passive contient une spécification agentive.

[42] L'argument externe est souligné dans (47b). Il s'agit du rôle (thématique), ou du participant dans l'éventualité, qui est typiquement associé à la position sujet dans la D-structure d'une phrase active. Selon la définition de Williams (1981), l'argument externe est généré en dehors de la projection maximale (VP) du prédicat. Dans la théorie des Principes et des Paramètres, la structure argumentale est une représentation lexico-syntaxique qui reflète d'une part une hiérarchie lexico-sémantique entre les actants (où l'agent est supérieur au patient) et d'autre part la forme initiale de la structure syntaxique.

[43] L'opération de « suppression argumentale » sera précisée ci-dessous.

aucun rôle thématique (Θ):
: (vii) [SN, P] ne reçoit pas de Θ-rôle.

Si on admet alors que le Θ-marquage a lieu dans la D-structure de la syntaxe, on obtient pour (47a) et (48a) les structurations simplifiées (47c) et (48c) reflétant le Θ-marquage du verbe actif *battu* et celui du verbe passif *battu*:

: (47) c. [$_{SN}$ La Norvège] a [$_{SV}$ battu [$_{SN}$ la France]]
: (48) c. [$_{SN}$ e] a été [$_{SV}$ battue [$_{SN}$ la France] ([$_{SP}$ par la Norvège])]

Comme il ressort de l'entrée lexicale (47b), le prédicat actif *battu* possède un argument externe et un argument interne auxquels on peut assigner les rôles thématiques d'agent et de patient. L'affixation du morphème passif entraîne la suppression de l'argument externe et laisse cette position libre (e = catégorie vide) dans la D-structure. Cela n'empêche pas l'agent d'apparaître facultativement dans une position non-argumentale à l'intérieur du SV. (47c) et (48c) sont licites parce qu'ils obéissent au Θ-critère formulé dans (viii) (Chomsky 1981:36)[44]:

: (viii) Chaque argument porte un et un seul Θ-rôle, et chaque Θ-rôle est attribué à un seul argument.

Il en va autrement pour les D-structures virtuelles (47d) et (48d) qui sont mal formées: l'agent du prédicat actif n'est pas associé à un argument dans (47d) et le prédicat passif dans (48d) n'a pas la possibilité de sélectionner un argument externe:

: (47) d. #[$_{SN}$ e] a [$_{SV}$ battu [$_{SN}$ la France]]
: (48) d. #[$_{SN}$ La France] a été [$_{SV}$ battue ([$_{SP}$ par la Norvège])]

(47d) et (48d) sont ainsi exclus par le Θ-critère.

A partir des D-structures (bien formées) dans (47c) et (48c), on pourra dès lors dériver les S-structures dans (47e) et (48e) qui toutes deux obéissent au Θ-critère.

: (47) e. [$_{SN}$ La Norvège] a [$_{SV}$ battu [$_{SN}$ la France]]
: (48) e. [$_{SN}$ La France$_i$] a été [$_{SV}$ battue t$_i$ ([$_{SP}$ par la Norvège])]

Il faut de plus que l'information lexicalement spécifiée dans (47b) et (48b) soit structurellement présente à chaque niveau de représentation syntaxique ainsi que l'exige le Principe de Projection (cf.

---

[44] Voici la formulation du Θ-Critère dans Pollock (1997:57-64):
: a. Chaque expression-R(éférentielle) reçoit son ou ses rôles-Θ d'une position-Θ et d'une seule.
: b. Chaque rôle-Θ est assigné à une position-Θ et une seule occupée par une expression-R unique.

Chomsky 1981:29)[45]:
   (viii) Les représentations sont, à chaque niveau syntaxique (c'est-à-dire, en LF, en D-structure et en S-structure), des projections du lexique, en ce sens qu'elles respectent les propriétés thématiques des entrées lexicales.

Alors que les D-structures et les S-structures de la phrase active demeurent invariées (47c et 47e), on s'aperçoit que des différences fondamentales séparent les D-structures et S-structures de la phrase passive (48c et 48e). L'argument interne du verbe passif *la France* a quitté sa place à l'intérieur du SV et laisse une trace coindiciée. La présence de la trace est rendue obligatoire par le Θ-critère et par le Principe de Projection. C'est désormais la chaîne *la France$_i$ ... t$_i$* qui reçoit le rôle thématique patient, ce qui nous permet de parler du *déplacement* de l'argument interne par la règle *déplacer α* vers la position sujet laissée libre par le processus morphologique d'affixation passive. Autrement dit, si la position sujet de la phrase passive était une Θ-position, l'opération de déplacement entraînerait un double Θ-marquage violant le Θ-critère. C'est pourquoi on voit dans les traitements génératifs du passif depuis une vingtaine d'années une nette tendance à privilégier la déthématisation de la position sujet comme la propriété définitoire de loin la plus importante.[46] Cette propriété est explicitement rapportée par d'autres sous-théories et conforme à des principes généraux de la théorie.

D'un côté, il faut expliquer pourquoi le déplacement de l'argument interne vers la position sujet dans une phrase comme (48a) est obligatoire:
   (48) f. #a été battue la France (par la Norvège).
Chomsky (1981) parle, au sujet de l'inacceptabilité d'exemples comme (48f), d'un deuxième trait définitoire du passif, formulé dans (x), selon lequel le participe passif est incapable d'assigner des Cas:

---

[45] Pollock (1997:57-64) formule le Principe de Projection de la façon suivante:
   A chaque élément d'une grille thématique doit correspondre une position syntaxique.

[46] Il en va de même pour le traitement pragmatique proposé par Shibatani (1985). Cet auteur souligne que « passives center around agents, and their fundamental function has to do with the defocusing of agents » (1985:831). Voir également Siewierska (1984), Palmer (1994:136-8), Dimitrova-Vulchanova (1996:127), Herslund *et al.* (à paraître) et Muller (2000).

(x) [SN, SV] ne reçoit pas de Cas dans SV, pour tel choix de SN dans SV.

Le déplacement de l'argument interne au passif serait ainsi (Chomsky 1981:49) imposé par la condition plus générale spécifiée comme le Filtre des Cas (xi), explication encore fort répandue[47]:

(xi) *SN si SN a un contenu phonétique sans avoir de Cas.

Le deuxième critère définitoire du passif (x), à première vue valable pour l'anglais, a été sévèrement critiqué par d'autres générativistes qui ont montré l'impossibilité générale de prévoir à partir de (x) l'acceptabilité du passif impersonnel (« non-essentiel »), comme dans (49a), formé à partir d'un verbe transitif direct:

(49) a. Il a été imprimé plusieurs livres.[48]

Selon nous, (x) serait plutôt soumis à une variation paramétrique, vu la différence entre le gouvernement casuel du participe passif dans des langues comme le français, l'anglais ou le norvégien:

(49) b. #It has been printed many books.

c. Det har blitt trykt mange bøker.

Le passif impersonnel est plus répandu en norvégien qu'en français et semble exclu pour l'anglais, ce qui montre que (x) ne fournit aucun trait universellement valable pour la catégorie du passif. Notons cependant que même en français le participe passif assigne assez difficilement de Cas. Le déplacement de l'argument interne vers la position sujet est ainsi facilité et pourrait en outre être déclenché par le Principe de Projection Etendue (EPP)[49] selon lequel toute phrase a un sujet. C'est la présence de la morphologie passive qui rend possible, et parfois nécessaire, le déplacement de l'argument interne. Si, par contre, l'argument interne reste *in situ*, comme dans (49a), la position

---

[47] Cf. Zribi-Hertz (1982b:132ss), Chomsky (1995:115), Roberts (1997:69-73) et Pollock (1997:122). Burzio (1986:178ff) a établi une corrélation entre (vii) et (xi) qui prévoit que seuls les verbes qui assignent un rôle thématique à leur sujet peuvent assigner le Cas (accusatif = A) à un objet: $\Theta_S \leftrightarrow A$.

[48] Cet exemple est emprunté à Zribi-Hertz (1981). Pour une étude détaillée de l'interrelation dans la GB entre la morphologie verbale passive et la théorie des Cas, voir Jaeggli (1986), Burzio (1986), Roberts (1987), Baker *et al.* (1989) et Åfarli (1992). On voit que (49a) s'expliquerait difficilement si le participe passif n'assignait pas de cas.

[49] Voir par exemple Haegeman (1991:59) et Åfarli (1992:153). La plupart des théories syntaxiques exigent la présence d'un tel sujet. Cf. « the Final 1 Law » de la Grammaire Relationnelle et « the Subject Condition » de la Grammaire Lexico-Fonctionnelle. Voir également Alsina (1996:20).

sujet doit être remplie par un pronom non-argumental. Il s'ensuit que la grammaticalité du passif, qu'il soit « personnel » (48a) ou « impersonnel » (49a), est directement prévisible à partir de l'entrée lexicale du verbe passif à un seul argument interne.

D'un autre côté, il faut expliquer pourquoi des constructions du type (50) et (51) sont acceptables sans la présence explicite d'un agent dans une position argumentale:

(50) The price was decreased [PRO to help the poor].

(51) The price was decreased willingly. (Jaeggli 1986:611)

(50) contient une proposition infinitive de finalité dont le sujet implicite PRO coïncide avec l'agent implicite du passif, alors que l'adverbe *willingly* dans (51) est qualifié par Jaeggli (1986) de « agent-oriented ».[50] Aussi le premier critère définitoire (vii), lié à la déthématisation de la position sujet, a-t-il été modifié dans des étapes ultérieures de la théorie. Il a été affirmé par Jaeggli (1986), Burzio (1986), Roberts (1987), Baker *et al.* (1989), Sigurdsson (1989) et Åfarli (1992) que l'argument externe du verbe passif n'est pas supprimé même si la morphologie passive empêche que son thêta-rôle soit assigné au sujet de la phrase passive. Différentes solutions ont été proposées à cet égard pour montrer que le rôle thématique associé à l'argument externe dans des phrases passives, avec ou sans « complément d'agent », au lieu d'être absent, est « absorbé » par le morphème passif (ici *-ed*). L'affixe passif pourrait être construit comme un élément (pro)nominal généré dans la position I(NFL) au niveau de la D-structure (en dehors du SV) (52a) avant d'être associé par un processus d'affixation avec le verbe au niveau de la S-structure (52b) (cf. Baker *et al.* 1989:232)[51]:

(52) a. [e] I + pass [V SN]
 b. [SN$_j$] i [V + I + pass t$_j$]

---

[50] Jaeggli s'appuie ici entre autres sur des analyses proposées par Chomsky (1981). Voir également Baker *et al.* (1989:221-2).

[51] Nous omettons dans (52a-b) pour des raisons de simplicité la position stipulée du verbe auxiliaire. Selon Baker *et al.* (1989:243), (l'équivalent de) *be* occupe au niveau de la D-structure la position d'un verbe (V) qui prend pour complément un S ayant pour tête l'argument passif:

[$_S$ [e] I [$_{SV}$ AUX [$_S$ I + pass [$_{SV}$ V SN]]]]

Pour passer à la S-structure, le morphème passif est incorporé au verbe principal, l'auxiliaire se déplace vers la position I de la phrase supérieure et le SNobjet monte vers la position sujet.

Dans l'approche de Åfarli (1992:32)[52], le morphème passif est affixé au niveau de la D-structure, comme le montre (53a), avec le déplacement du rôle interne au niveau de la S-structure (53b):

(53) a. [e] [V + pass SN]
     b. [SN$_j$] [V + pass t$_j$]

On pourrait ainsi dériver le passif à partir de la même représentation lexicale que la phrase active (cf. 47b) tout en expliquant pourquoi la position sujet du verbe passif est vide. Si le morphème passif est construit comme un argument, il reçoit un rôle thématique qui peut contrôler le sujet implicite PRO de la proposition infinitive (50) et en même temps être modifié par des « subject oriented adverbs » tels que *willingly* (51).

Comment alors formaliser le rapport entre l'argument « implicite » et l'explicitation d'un complément agentif? Selon Jaeggli (1986:600), ce n'est que par une transmission du Θ-rôle externe émanant du suffixe passif que le complément du SP facultatif en *par* peut recevoir le rôle associé à l'argument externe de la base verbale. On pourrait supposer un mécanisme semblable pour la *chaîne* entre le morphème passif, traité comme un *clitique*, et le SN complément du SP dans Baker *et al.* (1989:223).[53] Grimshaw (1990:109) traite le SP en *par* comme un « *a(rgument)-adjunct* » ayant un statut intermédiaire entre les arguments et les circonstants (« *adjuncts* »).[54] Alsina (1996:53-57) le définit comme un « oblique », résultat de la *Functional Mapping Theory* (FMT) de la Grammaire Lexico-Fonctionnelle.[55] Åfarli

---

[52] Il existe un grand nombre de problèmes théoriques liés aux nouvelles analyses du passif dont nous ne traiterons pas. Selon Åfarli, l'élément abstrait PASS doit être adjoint syntaxiquement au verbe tête pour pouvoir recevoir le rôle externe parce que l'assignation de rôles thématiques ne s'effectue pas à l'intérieur des mots. On notera également que la position sujet a été remplie à un niveau syntaxique *précédant* la D-structure, appelé niveau de la représentation lexicale. Åfarli distingue ainsi quatre niveaux *syntaxiques*: la représentation lexicale, la D-structure, la S-structure, la forme phonétique (PF) et la forme logique (LF).

[53] Si le SP est absent, le morphème passif forme, selon Baker *et al.* (1989:223), une chaîne avec une catégorie vide. Voir également Roberts (1987) pour une analyse détaillée.

[54] Grimshaw (ibid): « They ressemble arguments in their mode of licensing. Yet unlike arguments they are not theta-marked, and they do not satisfy a-structure positions. »

[55] Alsina (1996:54): « Although the logical subject of the passivized predicate is suppressed and, therefore, cannot be mapped by the FMT on to a direct function, nothing prevents it from being expressed by means of an indirect function. »

(1992:49), de son côté, analyse le complément d'agent comme étant de nature purement adverbiale et introduit une règle interprétative de « correspondance » pour expliquer l'identité entre le complément du SP et le rôle thématique attribué au morphème passif.[56]
Il s'ensuit que même si les générativistes acceptent de façon unanime la déthématisation de la position sujet comme la propriété définitoire du passif la plus importante, il y a des divergences quant au statut de l'argument externe.[57] Soit celui-ci est supprimé, ne pouvant apparaître facultativement que dans une position non-argumentale (A'-position) (a). Soit il est absorbé par le morphème passif, étant construit comme un argument particulier susceptible de recevoir un rôle thématique coindicié ou non avec le complément du SP dit agentif (b). Il s'agit dans (a) de l'analyse orthodoxe classique de la théorie des Principes et des Paramètres, alors que (b) correspond aux nouvelles analyses du passif. Nous verrons plus loin que le choix entre (a) et (b) a des implications importantes pour la nature des généralisations que la théorie est susceptible d'offrir. Indépendamment de ces différences, la tradition chomskyenne suppose que des phrases comme (48a) sont dérivées à partir de structures où l'argument interne est inséré initialement dans la position objet avant d'être déplacé vers la position sujet au niveau de la S-structure. Une telle analyse permet de distinguer le passif dit verbal du passif dit adjectival.

---

[56] On comparera cette dernière position avec celle de Milner (1986:31) qui traite le complément en *par* comme un circonstant (nécessaire) qui ne sert finalement qu'à « rétablir la symétrie interprétative entre la phrase active et la phrase passive ». Et Milner de formuler le théorème suivant:
  Le complément en *par*, en tant que tel, n'est pas une partie intégrante de la morphologie verbale passive, mais relève de la théorie de la phrase en général.
Åfarli (1992:46-50) discute différentes propositions récentes de la grammaire générative avant d'opter pour une solution adverbiale pour le (néo-)norvégien. Le complément d'agent peut d'une part être généré indépendamment du morphème passif:
  (a) Marit får pengane av Johan.
  « Marit gets the money from Johan »
D'autre part sa distribution dans des exemples comme (b) attesterait son caractère adverbial, ce qui se rapporte entre autres à la théorie du gouvernement:
  (b) Johan vart slått med kjepp av Marit på kjøkkenet.
  « Johan was hit with a stick by Marit in the kitchen. »
[57] Cf. également la condition de *chômeur* (*the Chômeur Condition*) dans la Grammaire Relationnelle de Perlmutter et Postal (1983:20-2).

1.2.4.5 Le passif adjectival

Un grand nombre de linguistes, inspirés en partie par Wasow (1977), ont remarqué qu'il y avait à la fois des ressemblances et des dissemblances entre des phrases du type (54) et (55):

(54) a. Cette règle a été appliquée.

(55) a. Ce procédé est inappliqué.

Les deux bases verbales dans (54a) et (55a) contiennent l'affixation d'un morphème passif -*é*. Exactement comme dans (54a), l'argument interne du verbe transitif *appliquer* apparaît dans la position sujet de (55a). C'est pourquoi la tradition générative a classifié (55a) comme construction passive, appelée passif « lexical » (ou adjectival), une construction qui s'oppose au passif « syntaxique » (ou verbal) dans (54a).[58] Ce qui distingue ces deux types de constructions, c'est que le passif adjectival, contrairement au passif verbal, n'admet pas de contextes typiquement verbaux ni de lecture événementielle:

(55) b. #Ce procédé est inappliqué par x.

c. #Ce procédé est inappliqué (par x) (en ce moment).

Le participe passif peut ainsi se comporter comme un adjectif et non comme un verbe, ce qui est illustré par (55a) où le participe passif, tout comme l'adjectif (56a), permet la préfixation en *in-*:

(56) a. Ce port est inabordable.

Il en va de même pour la modification d'un nom dans (55d)-(56b) et pour le fonctionnement du participe comme complément d'un verbe du type *rester* ou *demeurer* dans (55e)-(56c):

(55) d. Un procédé inappliqué.

(56) b. Un port inabordable.

(55) e. Ce procédé reste inappliqué.

(56) c. Ce port demeure inabordable.

Vu les différences entre (54a) et (55a), la plupart des générativistes supposent que l'argument interne de la base verbale du passif adjectival est externalisé *lexicalement*, contrairement au déplacement syntaxique de l'argument interne au passif canonique. Si l'argument interne attribué à *cette règle* par le verbe *appliquer* dans (54a) occupe la position objet dans la D-structure (54b) avant d'être déplacé vers la

---

[58] Cf. Chomsky (1981), Williams (1981), Bresnan (1982), Huddleston (1984), Levin et Rappaport (1986), Sigurdsson (1989), Grimshaw (1990), Spencer (1991), Ouhalla (1994) et Hendrick (1995). Les hypothèses ont été émises presque exclusivement à l'égard de l'anglais. Nous les appliquerons à des données du français, ce qui, à notre connaissance, n'a jamais été fait.

position sujet dans la S-structure (54c), cela signifie que le processus d'« externalisation » du passif adjectival a eu lieu avant l'insertion dans la D-structure de (55f). La S-structure du passif lexical (55g) reste ainsi la même que la D-structure:

(54) b. [$_{SN}$ e] a été [$_{SV}$ appliquée [$_{SN}$ cette règle] ([$_{SP}$ par x])]

c. [$_{SN}$ Cette règle$_i$] a été [$_{SV}$ appliquée t$_i$ ([$_{SP}$ par x])]

(55) f. [$_{SN}$ Cette règle] [$_{SV}$ est [$_{SA}$ inappliquée]]

g. [$_{SN}$ Cette règle] [$_{SV}$ est [$_{SA}$ inappliquée]]

Nous constatons que le participe passif dans (55f-g) a désormais un caractère adjectival, formant la tête d'un S(yntagme) A(djectival), alors que le participe passif dans (54b-c) a gardé son caractère verbal. Chomsky (1981:118-9) distingue les participes complètement adjectivaux des participes semi-adjectivaux. Ce qui caractérise la différence entre les deux types de passif est justement la conversion morphologique catégorielle qui dérive une forme adjectivale à partir d'une forme passive verbale.[59] Une telle dérivation a lieu, selon Levin et Rappaport (1986:624, 645), dans le lexique et implique les opérations suivantes:

(55) h.

– affixation du morphème passif (appliquer → appliqué)

– suppression de l'argument du verbe de base (appliquer: <u>agent</u>, patient → appliqué: patient)

– changement de la catégorie lexicale [+ V - N] → [+ V + N] (verbe → adjectif)

– externalisation de l'argument interne du verbe de base (appliqué: patient → appliqué: <u>patient</u>)

– Absorption du Cas

– Elimination de la position objet ([SN, SV])

L'opération lexicale de passivation, telle qu'elle est présentée par Levin et Rappaport (1986), s'inspire directement de la théorie (lexico-fonctionnelle) de Bresnan (1982:23) qui caractérise la conversion catégorielle par le changement morphologique (verbe → adjectif) et le changement prédicatif (prédicat verbal → prédicat adjectival), conversion soumise à des restrictions d'ordre thématique (le sujet du prédicat adjectival = le thème (ou le patient) du prédicat verbal). On

---

[59] Cela explique la présence d'un verbe copule *être*, généré à l'intérieur du SV pour le passif adjectival (55f-g), et d'un verbe auxiliaire homophone, généré en dehors du SV, pour le passif verbal (54b-c).

peut en déduire que l'entrée lexicale de (55a), après le processus morphologique de préfixation par *in-*, correspond à (55i) et s'oppose à celle de (54d) sous-jacente à (54a). L'argument interne de la base verbale est externalisé lexicalement dans (55i), ce qui n'est pas le cas dans (54d):

    (55) i. inappliqué, A: 1

    (54) d. appliqué, Vpassif: 2

C'est pourquoi l'argument interne du verbe passif doit être inséré dans la position objet au niveau de la D-structure du passif verbal (38b), alors que cette position est éliminée pour le passif adjectival (55f). L'adjectif *inappliqué* a donc pour seul argument un argument externe. Si la théorie grammaticale est suffisamment élaborée, les « effets » illustrés dans (55h) peuvent en effet, comme le montrent Levin et Rappaport (1986), être déduits de la seule conversion catégorielle (verbe → adjectif).[60]

Supposons que le participe passif adjectival soit dérivé lexicalement à partir du participe passif verbal [+ V - N] → [+ V + N]. Nous avons alors pour point de départ une entrée lexicale telle que (54d) induisant une D-structure du type (54b) où la position sujet est vide. Conformément aux analyses « orthodoxes » du passif verbal, l'argument externe du verbe de base a été supprimé par le processus morphologique d'affixation passive. Ensuite, le Θ-critère et le Principe de Projection nous forcent à représenter la position objet à chaque niveau de représentation et à expliquer pourquoi le participe passif verbal n'assigne pas de Cas. Une fois converti en adjectif, le participe passif élimine automatiquement la position objet tout en présupposant un processus d'externalisation de l'argument interne. Contrairement aux prédicats verbaux, le prédicat adjectival ne peut se combiner avec un complément direct (54e), mais il doit avoir un argument externe (54f):

    (54) e. #Il est inappliqué une règle.

          f. #est inappliqué.

Cela permet à l'argument interne (direct) du verbe de base, conformé-

---

[60] Voir pour une analyse détaillée de ces effets, Levin et Rappaport (1986). Voir également pour l'effet de l'opération E(Th) (*externalize Theme*), Williams (1981:94): « The adjectival past participle (...) has no interesting syntactic component to its description – no NP movement, for example – beyond the fact that the adjectival past participle is an adjective; to syntax it is just another adjective. »

ment à la généralisation du « seul complément »[61], d'être externalisé dans le lexique. Autrement dit, l'externalisation est le résultat de la conversion catégorielle. Il s'ensuit que (55f-g), dérivés à partir de (55i), obéissent au Θ-critère et au Principe de Projection. Le participe passif adjectival est un prédicat monovalent assignant son seul rôle thématique à la position sujet (Θ-marquage), et cette position doit être structurellement présente à chaque niveau de représentation (Principe de Projection).

En résumé, deux facteurs semblent caractériser la catégorie du passif adjectival par rapport à celle du passif verbal:

(a) Il y a une différence fondamentale entre les deux constructions au niveau de la dérivation lexico-syntaxique. Le participe peut être lexicalisé comme adjectif, insérable dans la position tête d'un SA dans la D-structure, ou garder son statut verbal, ce qui lui permet de régir un complément direct dans la D-structure. L'existence de passifs impersonnels – qu'ils se construisent directement ou indirectement – avec une pro-forme sémantiquement vide dans la position sujet montre la pertinence de la distinction entre les caractères verbal et adjectival du participe passif. On ne trouve de passif impersonnel que dans le premier cas:

(54) g. Il a été appliqué une règle disant que ....
    h. #Il a été inappliqué une règle disant que ....

Si le passif verbal est caractérisé par l'opération *déplacer α*, on peut dire que l'argument interne du verbe passif *une règle* reste *in situ* au passif impersonnel, alors qu'il est déplacé, pour d'autres raisons, vers la position sujet au passif canonique:

(54) i. Une règle a été appliquée disant que ....

Pour le passif adjectival, l'externalisation de l'argument interne a lieu dans le lexique de sorte que l'assignation casuelle à un complément direct est entièrement exclue. Nous avons ainsi un argument décisif, semble-t-il, contre les hypothèses de Gaatone, Herslund *et al.*, etc., hypothèses prônant une catégorisation unifiée du participe passif.

(b) La conversion catégorielle (verbe → adjectif) ne nous empêche pas de voir le lien unissant les deux constructions. Le SN qui occupe la position sujet dans la S-structure, qu'il soit « base-generated » ou le

---

[61] Selon Levin, Rappaport (1986:631), les SN qui peuvent fonctionner comme unique complément direct d'un verbe peuvent être externalisés par *A(djective) P(assive) F(ormation)*.

résultat de *déplacer α*, correspond sémantiquement au complément direct du verbe transitif initial. Cette ressemblance est particulièrement sensible dans les représentations lexicales (55i) et (54d) qui constituent la base des dérivations syntaxiques (55f-g) et (54b-c).

Il est également clair qu'il est possible de dissocier les caractérisations formelles de la catégorie passive des caractérisations sémantiques. Dès lors, sur la base de cet aperçu, nous allons pouvoir préciser notre positionnement méthodologique.

1.2.5 Positionnement méthodologique
Reconsidérons d'abord les énoncés statiques (15a)-(17a) à la lumière des principes lexico-syntaxiques esquissés dans 1.2.4.4 et 1.2.4.5. De telles analyses nous permettent d'assigner aux structures en question des traits catégoriels, indépendamment de la notion d'*aktionsart*. Elles se caractérisent par la morphologie passive contenant un participe passif formé à partir d'un verbe transitif et elles ont pour sujet grammatical l'argument interne (direct) de la base verbale. Il est donc supposé que des phrases comme (15a)-(17a) sont potentiellement ambiguës, qu'elles soient formées à partir de verbes atéliques ou téliques. Cette hypothèse sera légèrement modifiée dans ce qui suit, mais elle est déjà suffisamment explicite pour aboutir à des résultats distincts de ceux qui ont été déduits des analyses par renversement. D'après les approches lexico-syntaxiques, il s'agit dans (15a)-(17a) de trois occurrences du passif adjectival. Si l'on adopte les hypothèses lexicalistes sur la formation des participes passés, on peut s'attendre à trouver des exemples aux mêmes bases verbales où les participes passifs correspondants sont plus ou moins verbaux ou adjectivaux. Comme le participe passif lexical est dérivé à partir du participe passif syntaxique, il suffirait de trouver des contextes où les participes sont clairement adjectivaux pour qu'on puisse déduire l'existence de participes verbaux des mêmes bases verbales. Cette logique semble en effet être respectée:

    (15) c. Un homme aimé. (contexte adjectival)
         d. Il fut aimé par qqn. (contexte verbal)
    (16) l. Un barrage érigé. (contexte adjectival)
         m. Le barrage fut érigé par qqn. (contexte verbal)
    (17) e. Une chemise trouée. (contexte adjectival)
         f. Sa chemise fut trouée par les mites. (contexte verbal)

Cependant rien n'est dit sur l'ordre inverse de l'implication. L'existence d'un participe passif verbal n'implique pas nécessairement une forme participiale adjectivale. Il reste à tester la généralité de ces observations, ce qui sera fait aux chapitres suivants, pour savoir si des contraintes pèsent sur ces relations. Nous adoptons donc un système très différent de celui de Gaatone qui affirme que la passivation « n'implique *a priori* aucune « transformation », ni « dérivation » de l'actif vers le passif, ni d'ailleurs l'inverse, ni même aucune antériorité de l'un par rapport à l'autre » (1998:33). Dans l'approche que nous allons défendre dans ce travail, nous établissons justement une ligne dérivationnelle entre l'actif et les deux types de passifs au niveau de la formation lexicale.

Notons que le parallélisme entre le passif verbal et le passif adjectival serait moins transparent si l'on adoptait les nouvelles analyses génératives purement syntaxiques du passif. Selon Åfarli (1992), PASS est un élément (pro)nominal abstrait et argumental introduit syntaxiquement au niveau de la D-structure. Etant donné la morphologie passive, PASS est obligatoirement présent et susceptible de recevoir le rôle thématique associé à l'argument externe de la base verbale. La phrase passive verbale (ou syntaxique) est ainsi dérivée à partir de la même représentation lexicale que la phrase active avec déthématisation de la position sujet. Il en va autrement pour le passif adjectival (dit lexical) où PASS ne peut être présent parce que l'argument externe est éliminé dans le lexique. En effet, à en croire les approches génératives du passif, l'argument externe de la base verbale ne peut jamais être présent comme argument au passif adjectival, ce qui est directement prévisible à partir de la représentation lexicale (élimination de l'argument externe, externalisation de l'argument interne avant l'insertion dans la D-structure syntaxique). Il s'ensuit que les ressemblances morphosyntaxiques et sémantiques entre les deux catégories sont rompues (± PASS, représentations lexicales distinctes, etc.). Le passif adjectival n'impliquerait ni la morphologie passive ni la présence de PASS. Si PASS n'est pas identifié au participe passif, on pourrait penser qu'il s'agit d'une homonymie accidentelle. Les effets de la présence d'un rôle agentif au passif adjectival seraient également inattendus. Si de tels effets existaient, on s'attendrait à ce que PASS fasse partie de la syntaxe en question. Le problème fondamental lié à ces approches, indépendamment des propriétés argumentales attribuées à l'affixe passif, est cependant, selon nous, qu'il semble exister un lien privilégié entre ces deux catégories du passif et, comme nous allons le voir au chapitre suivant, que la compatibilité entre le passif adjectival et la spécification agentive est loin d'être exclue. C'est justement là ce que supposent les approches à tendance lexicaliste où le passif adjectival est dérivé à partir du passif verbal. La suppression de l'argument externe déclenchée par l'affixation du morphème passif indique pourquoi le sujet du verbe actif, quel que soit son rôle thématique, apparaît dans une position non-argumentale au passif. Nous tenons aussi à préciser que la présence de l'argument externe sous forme d'un SP facultatif (non-argumental) est normalement plus marquée au passif adjectival qu'au passif verbal malgré la suppression argumentale qui a eu lieu dans les deux cas. Il semble en effet que cette opération soit accompagnée pour le passif adjectival d'une « rétrogradation » syntaxique et sémantique plus importante. On pourrait stipuler que l'argument externe de la base verbale, bien qu'il n'apparaisse que dans une position non-argumentale, reste syntaxiquement plus « actif » et sémantiquement plus accessible au passif verbal. Rien de tel n'a été prédit par la ligne dérivationnelle participe actif → participe passif → participe adjectival. On soulignera cependant que la ± présence d'une complémentation en *par* ou en *de* ne fait pas partie des propriétés définitoires du passif. Elle peut même être facultative au passif verbal (57) et obligatoire au passif adjectival (58):

(57) Les enfants ont été hospitalisés (par qqn). (passif verbal)

(58) Les montagnes sont couvertes #(de neige). (passif adjectival)

Ce genre de corrélations demande une explication. Nous y reviendrons au chapitre suivant.

La dérivation du passif adjectival à partir du passif verbal, telle qu'elle a été exposée ci-dessus, explique les ressemblances entre les deux constructions (marquage morphologique, manipulation de la structure argumentale, distribution des arguments, etc.). On pourrait croire que la dérivation adjectivale est également possible, et cela directement, à partir de la base verbale. Une telle analyse pourrait même avoir des avantages empiriques en ce sens qu'elle permettrait de généraliser l'opération à d'autres types de verbes: il est bien connu que des adjectifs peuvent être formés à partir de verbes inaccusatifs sans contrainte passive. Nous allons voir maintenant que la postulation d'une classe de verbes inaccusatifs pourrait par contre fournir un argument supplémentaire en faveur de notre analyse.

Il faut noter que la plupart des linguistes qui adhèrent à des théories syntaxiques dérivationnelles sont d'accord pour qualifier *arriver, venir, partir, mourir*, etc. de verbes inaccusatifs. Quant au nombre exact de verbes inaccusatifs, il peut cependant varier d'un auteur à l'autre. Il en va de même pour les critères distributionnels ou sémantiques qui ont été proposés pour la classification des prédicats intransitifs. En général, on dit que tous les verbes qui sélectionnent *être* comme auxiliaire de l'aspect accompli sont inaccusatifs sans que la liste des verbes inaccusatifs se limite à de tels verbes. On a également formulé des restrictions en termes de rôles thématiques (ou sémantiques) – les sujets des verbes inaccusatifs seraient non agentifs (patients ou *thèmes*) – et en termes de contraintes aspectuelles – les verbes inaccusatifs exprimeraient intrinsèquement un changement d'état.[62] Nous adoptons une version beaucoup plus réservée de l'hypothèse inaccusative: la classe des verbes à un argument, appelés intransitifs,

---

[62] Cela dit, il y a bien des contre-exemples: *Parvenir* est un verbe qui se combine avec l'auxiliaire *être*, mais il accepte, selon Zribi-Hertz (1987), le passif essentiellement impersonnel (*Il a été parvenu à un compromis acceptable*), critère souvent utilisé pour dégager la nature inergative du verbe (voir Perlmutter (1978) et Zribi-Hertz 1987:28). Dans le cadre de la contrainte thématique il faudrait des précisions définitoires pour exclure des verbes comme *venir, partir, sortir, entrer*, etc. de la classe des verbes agentifs. En ce qui concerne les restrictions aspectuelles, pratiquement tous les linguistes incluent les verbes d'existence du type *être* et *exister*, qui sont clairement statiques, dans la classe des verbes inaccusatifs. Par conséquent, les critères traditionnellement utilisés pour classer les verbes intransitifs (au sens large du terme) ne sont pas très stables. De plus, la possibilité d'apparaître dans une construction impersonnelle a souvent été citée comme test du caractère inaccusatif du verbe, mais il s'avère que les verbes typiquement inergatifs (par hypothèse) ne sont pas exclus dans de telles constructions, ainsi que l'illustrent les exemples de Legendre (1994:122-3):
    (i) Il déjeune beaucoup de linguistes dans ce restaurant (exemple de Pollock).
    (ii) Il travaille beaucoup d'ouvriers dans cette usine.
    (iii) Il a sauté beaucoup d'otages par la fenêtre.
Notons également qu'on parle parfois de critères de nature typologique. En particulier, l'emploi du *ne* clitique et l'emploi des auxiliaires *essere* et *avere* en italien, tout comme la distribution de *en* partitif en français, ont servi à établir des généralisations quasi-universelles.
    L'hypothèse inaccusative a été initialement formulée vers la fin des années 1970 dans le cadre de la Grammaire Relationnelle de Perlmutter et Postal. Perlmutter (1978) constitue l'article « fondateur ». L'hypothèse a été adaptée au formalisme du *Government and Binding* ((?) dans Chomsky (1981) sur la base de travaux du linguiste italien Burzio (voir en particulier, Burzio (1986)). On la retrouve dans un grand nombre de travaux sur la syntaxe formelle de ces vingt dernières années. Voir Pullum (1988) pour un rappel très intéressant du développement de cette hypothèse.

se divise en deux groupes selon leurs propriétés lexico-syntaxiques et leur fonctionnement syntaxique. C'est donc supposer une opposition systématique – hypothèse réfutable – entre verbes inaccusatifs et verbes inergatifs.

Si le verbe passif a la structure argumentale dans (59a), on s'attend à ce qu'il se comporte comme d'autres verbes inaccusatifs. Sont illustrées dans (60a) et (61a) l'entrée lexicale du participe passé actif d'un verbe inaccusatif *partir* ainsi que celle d'un verbe réflexif inaccusatif *s'évanouir* qu'on comparera à la représentation lexicale du participe passé actif d'un verbe inergatif *agir* (62a):
(59) a. éliminé, Vpassif: 2
(60) a. parti, V: 2
(61) a. évanoui, V: 2
(62) a. agi, V: <u>1</u>

Les verbes inaccusatifs ont, comme nous le savons, pour seul argument un argument interne (2) qui se déplace vers la position sujet initialement vide pour obéir au Principe de Projection Etendue (EPP), alors que les verbes inergatifs sont des verbes à argument externe initial (<u>1</u>). Aussi bien le participe passif que le verbe inaccusatif peuvent former, par un processus morphologique productif, des adjectifs (inergatifs) à l'aide de l'externalisation lexicale de leur argument interne.[63] Comme il ressort de (59b-62b), ce procédé d'adjec

---

[63] Nous considérons, à l'instar de Levin et Rappaport (1986), Burzio (1986) et Cinque (1990), les adjectifs dérivés par la conversion catégorielle comme inergatifs. Burzio (1986:74) dit à cet égard: .... « there are no ergative adjectives, namely no adjectives appearing in the D-structure « [e] be - Adj. NP ». Selon Cinque (1990:33), « adjectives related to ergative or passive verbs (which have only internal arguments) are not ergative themselves ». Cinque (1990) atténue cependant l'énoncé catégorique de Burzio (1986) en montrant qu'il y a une classe d'adjectifs en italien que ne disqualifient pas les tests d'ergativité.

Notons que ce travail contient très peu d'explicitations sur le *se* passif, parfois appelé *se moyen* ou *médio-passif* (cf. entre autres Zribi-Hertz (1982a) et Melis (1990)). Tout porte à croire qu'on peut traiter la variante réflexive du passif dans *Ce livre se vend partout* comme un « vrai » passif: on pourrait en effet dériver le *se* passif à partir d'un verbe transitif à argument externe et avoir pour résultat un verbe inaccusatif (dérivé) qui entre dans le schéma [_ [Vinaccusatif SN]], tout comme le participe passif verbal. La raison pour laquelle nous n'accorderons pas de place au *se* passif dans ce travail, est que sa présence dans le système des « voix » en français semble être indépendante de l'opposition entre passif verbal et passif adjectival. Il y a en effet une opposition essentielle entre le passif verbal et le *se* passif au niveau morpho-

tivisation n'est pas applicable aux verbes inergatifs (62a) où le seul argument est généré directement en dehors du SV. Ainsi, l'opération d'externalisation ne peut avoir lieu:

(59) b. éliminé, A: 1
(60) b. parti, A: 1
(61) b. évanoui, A: 1
(62) b. #agi, A: 1

Les participes adjectivaux dérivés à partir de participes passifs verbaux (63a-c) et les participes inaccusatifs proprement dits (64-65a-c), contrairement aux participes inergatifs (66a-c), peuvent entrer dans une relation prédicative avec le complément du verbe *croire*. Nous nous servons dans (63-78) des données et des tests qu'a introduits Legendre (1994) en faveur de l'hypothèse inaccusative[64].

(63) a. Il croyait son adversaire éliminé.
b. On avait cru la rumeur politique vérifiée.
c. On croyait son innocence prouvée.
(64) a. On croyait Pierre parti.
b. On croyait le moment venu.
c. On croyait son père mort d'une crise cardiaque.
(65) a. On croyait les enfants assis au premier rang.

---

sémantique: seul le premier contient un participe passé passif susceptible d'avoir une interprétation résultative et statique (cf. Melis 1990:98). En revanche, le verbe réflexif inergatif du type *s'évanouir* jouera un rôle important dans notre argumentation sur l'extension de l'opération d'adjectivisation à des verbes inaccusatifs. On se souviendra des remarques de Zribi-Hertz (1987:46-7) sur la différence entre la « construction réflexive ergative (CRE) » et le *se* passif: « La CRE est solidaire non seulement d'une forme transitive, mais en outre d'une forme E(tat) F(inal), ce qui n'est pas le cas de la construction *se* passif. » Sur ces bases, on peut conclure que le *se* passif, contrairement au *se V ergatif* (ou inaccusatif), ne peut former l'*input* d'une conversion catégorielle. Pour un traitement plus général des « tours pronominaux objectifs », voir Melis (1990:85-115).

[64] Legendre (1994) introduit un argument supplémentaire pour déterminer le caractère inaccusatif d'un verbe, à savoir la possibilité d'apparaître dans une construction à montée (*raising construction*). Ce critère n'est pas pertinent pour nous parce que la montée, selon les définitions de Legendre, n'est possible que pour des « 2 » à la fois initiaux et finaux. Comme les participes passifs sont des « initial 2s » et « final 1s », ils ne peuvent faire partie de la construction à montée: « Final 1s (whether they are initial 1s or advancees to 1 by Passive) cannot undergo Object Raising » (Legendre 1994:13). Voir également Burzio (1986).

Il faut souligner que l'argumentation de Legendre touche essentiellement à l'hypothèse inaccusative. L'exploitation que nous faisons de ces données à l'égard de la passivation est la nôtre.

b. On croyait la princesse évanouie.
   c. On croyait les enfants égarés dans la forêt.
(66) a. #On croyait le président agi.
   b. #On croyait l'homme parlé.
   c. #On croyait les enfants joués.

Dans des constructions participiales avec argument (initialement) interne non-exprimé, les participes passifs (67a-c) se comportent de nouveau comme les verbes inaccusatifs (68-69a-c) plutôt que comme les verbes inergatifs (70a-c). L'argument non-exprimé est co-référentiel du SNsujet de la matrice:

(67) a. Ecrasée par ses soucis, Marie oublia de téléphoner à ses parents.
   b. Arrêté par la police, Pierre subit une longue interrogation.
   c. Haï par tous ses collègues, Pierre décida de démissionner.
(68) a. Parti avant l'aube, Pierre est arrivé le jour même à destination.
   b. Mort prématurément, son père n'avait pas laissé de testament.
   c. Tombé de sa chaise, le bébé se mit à hurler.
(69) a. Egarée dans la forêt, la petite fille s'est mise à pleurer.
   b. Assis au premier rang, les enfants étaient attentifs.
   c. Evanouie à la vue des blessés, l'infirmière dut être nommée par le docteur.
(70) a. #Réagi, le président a été félicité par la presse.
   b. #Travaillé toute la matinée, il dormit tout l'après-midi.
   c. #Régné sur une grande partie de l'Europe, Napoléon était considéré comme un tyran.[65]

La même distribution se retrouve dans des constructions absolues, d'où l'acceptabilité de (71a-c) (participes passifs verbaux) et de (72-73a-c) (participes inaccusatifs non-passifs) et l'inacceptabilité de (74a-c) (participes inergatifs):[66]

---

[65] Claire Blanche-Benveniste note (communication personnelle) que les participes auxiliés par *avoir* ne peuvent être détachés. Auxiliés par *être*, ils le peuvent quelle que soit leur source, passifs ou pas, d'où l'ambiguïté de:
    Sorti à 5h, le chien s'est bien promené.
[66] Dans des constructions absolues, il semble que les adjectifs soient exclus. Cf. #L'accusé malade, le tribunal se retire. (Voir Legendre 1994:108). Ainsi les participes inaccusatifs dans (71-73) doivent garder leur trait verbal. Nous traitons également les participes inaccusatifs dans (67-69) comme formes verbales, mais ici la conversion

(71) a. Une fois la guerre déclarée, l'Allemagne envahit le nord du pays.

b. La nouvelle constitution approuvée, le président renforça ses pouvoirs.

c. L'affaire des diamants oubliée, le gouvernement reprit contact avec les trafiquants.

(72) a. Les Dupont partis, toute la famille se mit à table.

b. Le père mort, ils vous retournent le champ.

c. Sa mémoire revenue, il entreprit d'écrire l'histoire de sa vie.

(73) a. Une fois la princesse évanouie, la sorcière s'enfuit en courant.

b. Une fois les prisonniers évadés, la police mit la région sens dessus dessous.

c. Les nuages dispersés, nous décidâmes de partir en promenade.

(74) a. #Une fois les parents réagis, l'enfant cessa de rouspéter à table.

b. #Une fois le cheval trébuché, le chevalier tomba et se brisa plusieurs côtes.

c. #Pierre réfléchi longuement, la solution paraissait évidente.

Les contraintes liées à la formation de propositions relatives réduites fournissent un argument supplémentaire en faveur du rapprochement entre participes passifs et participes inaccusatifs. Contrairement aux participes passifs (75a-c) et aux participes inaccusatifs (76-77a-c), les participes inergatifs sont exclus dans de telles constructions (78a-c):

(75) a. La petite fille kidnappée le mois dernier n'a jamais été retrouvée.

b. Le trésor trouvé dans le sable n'a jamais été retrouvé.

c. L'athlète éliminé en quart de finale a décidé de prendre sa retraite.

(76) a. La personne morte hier soir ....

b. Enfin le moment venu ....

---

catégorielle ne peut être exclue par définition. Cf. Malade, Marie est restée à la maison. L'essentiel dans (63-78) n'est pourtant pas de savoir si les participes sont de nature verbale ou adjectivale. Nous reviendrons en effet sur ces questions aux chapitres 2 et 3. Pour le moment, il suffit de voir si les prédicats possèdent un argument interne et non pas un argument externe à un moment donné de leur histoire dérivationnelle. Autrement dit, il faut savoir si la dérivation implique un « schéma » inaccusatif.

    c. Les documents disparus ....
 (77) a. La princesse évanouie ....
    b. Les prisonniers évadés ....
    c. La bougie éteinte ....
 (78) a. #L'homme réagi ....
    b. #Les enfants joués ....
    c. #L'homme toussé ....

Ajoutons qu'on peut évaluer le caractère inergatif d'un verbe en considérant son aptitude à supporter la dérivation nominale en *-eur*.[67] Dans de tels cas, les verbes inaccusatifs semblent entièrement exclus:

 (79) a. courir → coureur
    b. travailler → travailleur
    c. dormir → dormeur
    d. sauter → sauteur
    e. tousser → tousseur
 (80) a. arriver – /→ #arriveur
    b. partir – /→ #parteur
    c. sortir – /→ #sorteur
    d. disparaître – /→ #disparaisseur

Sur la base de tels tests on peut conclure que le seul argument d'un verbe inaccusatif, au sens large du terme, doit être initialement interne. Sinon, on ne saurait expliquer les corrélations dans (63-80). Les verbes inergatifs ont, par contre, pour « support » un argument externe qui ne passe jamais par la position post-verbale. On peut ainsi distinguer deux types de verbes inaccusatifs: d'une part, les verbes initialement inaccusatifs, qu'ils soient réflexifs ou non, comme *partir* et *s'évanouir*[68]; d'autre part les verbes passifs inaccusatifs dérivés à partir de verbes transitifs. Pour que l'opération d'adjectivisation soit possible, il est nécessaire que *l'input* possède un argument interne et non pas un argument externe. Ainsi, les entrées lexicales dans (59a-61a) permettent l'adjectivisation, ce qui n'est pas le cas pour (62a). Nous verrons cependant aux chapitres 2 et 3 que ceci ne constitue pas une condition suffisante.

---

[67] Sur ce dernier test, voir Zribi-Hertz (1987:28).
[68] Le fait que nous considérons des verbes du type *s'évanouir* comme initialement inaccusatifs ne nous empêche pas de relier un grand nombre de verbes réflexifs inaccusatifs (ou ergatifs) à une forme transitive (causative). Voir pour des précisions 2.2.1.

Ces hypothèses ont des répercussions directes sur les contraintes de passivation. On comprendra dès lors pourquoi la passivation verbale n'est applicable qu'aux verbes dotés d'un argument externe privilégiant les verbes transitifs et les verbes inergatifs qui associent à leur argument externe le rôle thématique agentif. Ce raisonnement peut être étayé par le fait que la passivation est bloquée pour tous les verbes inaccusatifs caractérisés par la non-assignation d'un argument externe. Ainsi des participes comme *arrivé, évanoui, semblé* (verbe à montée) et *battu* (participe passif) ne sont pas passivables selon notre système. Au contraire, la passivation est possible pour des verbes inergatifs comme *dormir, travailler, tousser, courir, marcher, nager*, etc:

(81) a. Il a été dormi / travaillé / toussé dans cette salle.
   b. Il a été couru / marché / nagé ici.

C'est pourquoi on considère souvent l'aptitude des verbes à rentrer dans une structure passive impersonnelle comme un trait distinctif entre les verbes inaccusatifs et inergatifs.[69]

Une telle analyse peut, de plus, être appuyée par les caractérisations du passif en termes prototypiques telles que nous les donne Shibatani (1985:837):

(82) « Characterization of the passive prototype.
  a. Primary pragmatic function: Defocusing of agent.
  b. Semantic properties:
  (i) Semantic valence: Predicate (agent, patient)
  (ii) Subject is affected.
  c. Syntactic properties:
  (i) Syntactic encoding: agent → ɸ(not encoded)
                            patient → subject
  (ii) Valence of P(redicate):   Active = P/n
                                 Passive = P/n - 1.
  d. Morphological property:
  (i) Active = P;
  (ii) Passive = P [+ passive] »

Appliqué au français, le prototype passif de Shibatani englobe les deux catégories passives aux niveaux pragmatique, sémantique, syntaxique et morphologique. Aussi bien le passif verbal que le passif adjectival servent à défocaliser l'agent (propriété pragmatique) et à redistribuer les fonctions syntaxiques et les rôles sémantiques (propriétés sémanti-

---

[69] Cf. à cet égard Perlmutter (1978) et Zribi-Hertz (1987:28-30).

ques et syntaxiques) tout en utilisant les mêmes ressources morphologiques (*être* +*Vtr*$_{pp}$). On notera cependant que le prédicat passif est prototypiquement transitif seulement au niveau syntaxique, alors que le prédicat passif adjectival semble avoir subi une opération d'intransitivisation tant au niveau syntaxique qu'au niveau sémantique. Nous discuterons au chapitre suivant ces différences à la lumière de la conversion catégorielle morphologique.

1.2.6 Implications théoriques

En résumé, nous avons émis des hypothèses qui s'appuient, dans un système cohérent, sur l'interrelation entre des principes généraux, tels que le Principe de Projection (Etendue) et le Θ-critère, et des sous-théories comme la théorie des Cas, la Θ-théorie et la théorie du Déplacement. Nous avons également voulu intégrer des intuitions fondamentales de la tradition grammaticale française. L'élément central du passif dit périphrastique est le participe passé passif qui a été formé lexicalement et dont l'effet primordial est l'absence de théta-marquage de la position sujet. Par contre, l'assignation casuelle n'est pas intrinsèquement liée à la morphologie passive. Etant donné que les arguments d'un verbe passivable peuvent recevoir un grand nombre de rôles thématiques distincts, nous n'assignons pas à chaque argument un type particulier de rôle thématique (ou sémantique). Nous avons adopté plus particulièrement la convention où le nombre d'arguments est identifié par des chiffres plutôt que par des étiquettes comme agent, patient, thème, bénéficiaire, expérienceur, source, cause, but, etc. De plus, il y a une distinction fondamentale entre l'argument (ou les arguments) interne(s) exprimé(s) syntaxiquement à l'intérieur du SV et l'argument externe.[70] Cette distinction reflète une hiérarchie lexico-sémantique entre les actants. Les participes passés actifs ont la même forme que les participes passés passifs. La forme participiale passée est construite morphologiquement à partir d'une base verbale si l'on y ajoute une désinence, graphique ou

---

[70] Conformément aux versions orthodoxes de la théorie des Principes et des Paramètres nous avons généré l'argument externe *en dehors* du SV au niveau de la structure syntaxique initiale. Aujourd'hui on dit souvent que l'argument externe occupe la position [Spec, VP] dans la base. Il s'agit ainsi du positionnement externe ou interne par rapport au V' (*V bar*) dans la configuration syntaxique de base. Qu'on adopte le *VP internal subject hypothesis* ou non, on constate que cette théorie assigne à l'argument externe un statut distinct de celui de l'argument interne. Ce dernier est le complément du V dans les deux cas.

phonique, finale ou nulle, etc. Par conséquent, il n'y a pas de marquage morphologique unique réservé au passif. Pour former un participe passif, il suffit d'appliquer l'opération de suppression de l'argument externe. La suppression argumentale est définie de façon technique: elle empêche l'argument externe d'apparaître dans la position sujet. L'argument externe peut être réalisé facultativement sous forme d'un SP.[71] La conversion catégorielle en un participe passif adjectival exige que le participe passif verbal soit formé à partir d'un verbe transitif. Elle implique l'externalisation du rôle interne de la base verbale, l'« absorption » du Cas et l'élimination de la position syntaxique d'objet. L'externalisation de l'argument interne est ainsi un effet obligé de la conversion catégorielle. La présence d'un verbe fini – le verbe auxiliaire pour le passif verbal et le verbe copule pour le passif adjectival – peut être motivée indépendamment de la catégorisation passive. Il s'ensuit que la stipulation d'un morphème passif discontinu du type *être - é*, éventuellement suivi de *par X*, est superflue.[72] Le participe passif verbal a besoin, tout comme le participe passé actif, d'un auxiliaire généré en dehors du SV, alors que le participe passif adjectival se combine, comme les autres adjectifs, avec la copule en position verbale. L'homonymie qu'on observe pour ces deux éléments en français et en anglais n'a rien d'automatique. D'autres langues, exemplifiées par le norvégien et l'allemand, se servent d'une forme distincte pour le passif verbal (*bli / werden*) et le passif adjectival (*være / sein*). S'il y a des contraintes pesant sur la formation du participe passif et celle du participe adjectival, elles ne sont pas spécifiées dans la composante morphologique. Il existe cependant un lien implicationnel formel entre les trois représentations lexicales: le participe passif adjectival implique l'existence d'un participe passif verbal à argument interne et le participe passif verbal implique l'existence d'un participe passé actif possédant un argument externe. L'ordre inverse des implications n'est cependant pas valable. Les participes passifs formés à partir de verbes inergatifs à un seul argument externe ne permettent pas l'opération d'adjectivisation.

---

[71] Cette précision est en effet importante. Comme nous l'avons définie, la suppression argumentale n'implique pas la non-réalisation syntaxique. Voir pour une position semblable dans la Grammaire Lexico-Fonctionnelle, Alsina (1996:50-57).

[72] Voir Zribi-Hertz (1982b:131) pour ce genre de formulations. L'importance du verbe *être* pour la catégorisation du passif est également soulignée dans Muller (2000).

Interviennent ensuite les autres principes de la grammaire qui règlent l'insertion des éléments lexicaux dans la syntaxe tout en spécifiant les conditions de bonne formation.

Notre cadre théorique nous permet de simplifier les règles lexicales dans la composante morphologique. Nous obtenons pour les formes participiales d'un verbe du type *ouvrir* la ligne dérivationnelle dans (83) comme *output* des règles dans (84) :

(83) a. ouvert, V: $\underline{1}$, 2
 b. ouvert, V_{passif}: 2
 c. ouvert, A: $\underline{1}$

(84) a. Formez un participe passif.
 b. Convertissez le participe passif en adjectif.

Sur la base de cette approche, nous préciserons aux chapitres suivants les propriétés des deux types de passifs.

1.3 Remarques finales

Dans ce chapitre, nous avons abordé la question de la catégorisation grammaticale du passif. Nous avons pris pour point de départ les analyses par renversement structural basées, pour certains linguistes, sur la (quasi-)synonymie entre la structure active de départ et la structure passive dérivée, pour d'autres, sur la relation d'implication entre les deux structures phrastiques. Il ressort de notre examen que ce genre d'analyses, qui a gardé son importance jusqu'à nos jours, présente des problèmes à la fois au niveau théorique et au niveau empirique. C'est pourquoi nous avons introduit des approches d'inspiration lexicaliste qui traitent l'opération de passivation comme une manipulation de la structure argumentale du verbe de base sans recourir à des renversements automatiques de structures phrastiques. Sur la base d'une lecture critique des propositions de Gaatone, de Herslund *et al.* ainsi que celles de la grammaire générative des années 1980 et 1990, nous avons abouti à un système qui dérive le participe passé passif à partir du participe passé actif par la suppression de l'argument externe. La suppression argumentale a été définie de façon technique, ce qui nous a permis de traiter les participes passés verbaux comme des verbes inaccusatifs. Nous avons ainsi pu établir des généralisations qui éclairent d'une part la distribution argumentale des verbes et d'autre part le potentiel dérivationnel des verbes en adjectifs. L'extension de ces résultats à plusieurs sous-types de verbes inaccusatifs sera justifiée et approfondie aux chapitres 2 et 3.

Chapitre 2
Le passif adjectival

2.1 Introduction
Nous avons constaté au premier chapitre que les structures *être* + Vtr_{pp} ont des propriétés syntaxiques distinctes en fonction de la catégorisation lexicale du participe passif. Les dérivations lexico-syntaxiques pour lesquelles nous avons opté, ont été établies indépendamment de la classification sémantique en *aktionsart*, ce qui constitue une différence essentielle par rapport aux traitements antérieurs. Il nous apparaît dès lors fondamental de spécifier les conditions qui doivent être remplies pour qu'on puisse parler d'un passif adjectival et la relation exacte qui existe entre le passif adjectival et le passif verbal. Nous commencerons par examiner des emplois typiquement adjectivaux de participes passés, afin de préciser les caractéristiques particulières des participes passifs adjectivaux par rapport à d'autres adjectifs issus de verbes inaccusatifs. Sur la base de cette analyse, il nous sera possible de comparer l'emploi typiquement adjectival des participes passifs avec des emplois plus ou moins résultatifs. Nous proposerons une dérivation lexico-syntaxique de l'emploi résultatif qui en fait une sous-classe des passifs adjectivaux et justifierons une telle catégorisation en termes sémantiques. Nous montrerons ensuite que les mêmes principes dérivationnels sont également applicables, que la base verbale soit initalement télique ou atélique. Ce procédé nous permettra de reformuler la question d'ambiguïté traditionnellement attribuée à la structure en question.

2.2 Critères définitoires
2.2.1 Le participe passé adjectival
Considérons les exemples suivants:
    (1) a. Elle est épuisée.
    (2) a. Je suis déçu.
    (3) a. Le succès est assuré.
Les participes passés dans (1a)-(3a) sont « rattachés synchroniquement à des lexèmes verbaux » et le sujet syntaxique correspond sémantiquement à l'objet sélectionnel du verbe à partir duquel la forme participiale a été formée. Ce lien sémantique est explicité dans

(1b)-(3b):
> (1) b. La maladie l'épuise.
> (2) b. Cet élève me déçoit.
> (3) b. Le gouvernement assure le succès (en prenant des mesures pour stabiliser le franc).

Cependant, il ressort de notre analyse au premier chapitre que (1a)-(1c) peuvent être énoncés sans être rapportés à des phrases actives du type (1b)-(3b). (1a)-(3a) excluent également l'interprétation (1c)-(3c) comme résultat d'un événement antérieur à un temps composé correspondant:
> (1) c. Elle est épuisée. – /→ Elle a été épuisée.
> (2) c. Je suis déçu. – /→ J'ai été déçu.
> (3) c. Le succès est assuré. – /→ Le succès a été assuré.

Il semble en effet que les participes passés dans (1a)-(3a) se comportent comme des adjectifs à part entière. Ils obéissent entre autres aux critères d'adjectivisation étudiés dans 1.2.4.5. Tout comme les adjectifs, les participes *épuisé*, *déçu* et *assuré* peuvent modifier la tête d'un SN, ce qui ressort de (1d)-(3d):
> (1) d. Une femme épuisée.
> (2) d. Un homme déçu.
> (3) d. Un succès assuré.

Ils peuvent également occuper la position tête d'un SA dans des structures contenant des verbes tels que *rester*, *demeurer* et *sembler*:
> (1) e. Elle semble épuisée.
> (2) e. Il semble déçu.
> (3) e. Le succès reste assuré.

La persistance d'un état dénoté par le participe peut être soulignée, et cela de façon sensible, par la compatibilité avec *déjà*:
> (1) f. Elle est déjà épuisée.
> (2) f. Il est déjà déçu.
> (3) f. Le succès est déjà assuré.

Ensuite, ils peuvent être sujets à gradation, c'est-à-dire à des modifications d'intensité par le biais de *très*, *trop*, *peu*, *bien*, etc., ainsi que l'illustrent (1g)-(3g):
> (1) g. Elle est très/trop épuisée.
> (2) g. Je suis très déçu.
> (3) g. Le succès est bien assuré.

Et enfin, ils acceptent la comparaison par rapport à d'autres éléments de référence, ce qui constitue, d'après Karasch (1982), l'un des critères les plus sûrs de la différenciation entre adjectifs et participes passés verbaux:

(1) h. Elle est plus épuisée que son frère.

(2) h. Il est plus déçu que les autres.

(3) h. Le succès est maintenant plus assuré.

Ces observations suffisent à montrer que les participes passés dans (1a)-(3a) sont complètement déverbalisés. De plus, nous savons également que les mêmes participes passés peuvent avoir des emplois clairement verbaux, comme le montrent (1i)-(3i):

(1) i. Elle fut épuisée par un entraînement intensif.

(2) i. J'ai été déçu par cet élève.

(3) i. Le succès fut assuré par le gouvernement.

Tout porte à croire que des participes passés du type $épuisé_V$, $déçu_V$ et $assuré_V$, peuvent être formés conformément à la règle morphologique (i) et dérivés en des adjectifs comme $épuisé_A$, $déçu_A$ et $assuré_A$ par la règle (ii):

(i) Formez un participe passif.

(ii) Convertissez le participe passif en adjectif.

L'essentiel est que des adjectifs comme *épuisé*, *déçu* et *assuré* puissent être traités comme des prédicats (monadiques) à un seul argument externalisé qui correspond sémantiquement à l'argument interne du participe passif à partir duquel l'adjectif a été dérivé. La dérivation dans (1j) aura ainsi pour résultat l'entrée lexicale de l'adjectif inergatif dans (1k). Un tel adjectif peut fonctionner comme attribut ou modificateur:

(1) j. épuisé, V_{passif} → épuisé, A

k. épuisé, A: 1

On vérifiera facilement que le même type de dérivation est applicable aux verbes passifs *déçu* et *assuré*. Ce qui distingue l'adjectif dans (1a) et (4a), c'est finalement que *épuisé* a une source verbale, contrairement à *intelligent*. Sinon, la structure des entrées lexicales est la même, comme le montre (4b)[73]:

(4) a. Elle est intelligente.

b. intelligent, A: 1

---

[73] Il faut avouer que le rapport étroit entre les structures argumentales que nous avons attribuées à *intelligent* et à *épuisé* serait plus transparent si l'on se servait d'une étiquette comme *thème* pour l'argument interne externalisé de la base verbale *épuiser* et l'argument externe de l'adjectif *intelligent*. Nous aurions alors pour résultat les entrées adjectivales suivantes: épuisé, A: THEME *et* intelligent, A: THEME.

Il s'ensuit que les adjectifs, à l'instar des verbes, peuvent être traités comme des prédicats à *n* places.[74] Si l'on adopte les principes établis au chapitre précédent, les adjectifs dans (1a)-(4a) occupent la position de tête dans des SA, alors que les SN sont insérés directement dans la position sujet au niveau de la structure syntaxique après l'externalisation lexicale, ce qui est illustré par (1l):

(1) l. [$_{SN}$ Elle] [$_{SV}$ est [$_{SA}$ épuisée]]

La même analyse s'applique à un grand nombre d'exemples du type (5)-(29) où la base verbale de la dérivation lexicale sélectionne un argument interne, critère nécessaire pour l'externalisation argumentale. Le résultat de la conversion catégorielle est illustré par la modification nominale. Nous ajouterons pour chaque type un exemple contenant la forme participiale verbale à partir de laquelle le participe passif adjectival est dérivé. Pour souligner le caractère verbal du participe passif verbal, nous essaierons de focaliser l'événementialité des énoncés à l'aide des temps verbaux, portant éventuellement une spécification agentive[75]. Le lien implicationnel entre le passif adjectival et le passif verbal est purement formel. Nous reviendrons sur la caractérisation sémantico-pragmatique de cette relation (chap. 3, 4). Soulignons que tous les participes adjectivaux dans (5)-(29) ne sont pas répertoriés comme tels dans un dictionnaire du type *Le Petit Robert* et qu'il y a parfois un glissement de sens entre les deux types de participes :[76]

---

[74] Les adjectifs ne se limitent pas nécessairement à un seul argument. *Heureux, content, satisfait, fier*, etc. acceptent (facultativement) un deuxième argument réalisé obligatoirement à l'aide d'un SP: *Il est heureux/content/satisfait/fier de sa réussite. #Il est heureux/content/satisfait/fier sa réussite.* On dit généralement que les adjectifs n'assignent ni le Cas structural ni le Cas inhérent, d'où la présence obligatoire d'une préposition devant le complément.

[75] Rappelons que la présence d'une spécification dite agentive en *par* n'est pas un critère définitoire du passif verbal en soi. C'est l'interrelation entre de telles spécifications et des facteurs contextuels, tels que les temps verbaux, des adverbes temporels, etc., qui sert à déclencher l'interprétation dynamique. Nous reviendrons au troisième chapitre sur une caractérisation plus précise de la distinction *dynamique/statique*.

[76] Sont classifiés comme *adjectifs*: blessé, coupé, isolé, obstrué, ouvert, rompu, rempli, salé, satisfait, inachevé, inappliqué, inattendu, inchangé et invaincu.
Sont classifiés comme *verbes*: acquitté, bloqué, bouclé, conclu, dévasté, hospitalisé, mérité, mutilé, perturbé, puni, raté, récompensé, revendiqué et sauvé.

(5) a. Le président est acquitté.
   b. Un président acquitté.
   c. Le président fut acquitté par le Grand Jury.
(6) a. Il est baptisé.
   b. Un enfant baptisé.
   c. Il fut baptisé par le prêtre.
(7) a. Il est blessé au bras.
   b. Un soldat blessé.
   c. Il fut blessé par un ennemi.
(8) a. Les salaires sont bloqués.
   b. Des salaires bloqués.
   c. Les salaires ont été bloqués.
(9) a. On peaufine les études. En juin 1983 le dossier est enfin bouclé, techniquement prêt. (Dernières Nouvelles d'Alsace, vendredi 25 novembre 1994)
   b. Un dossier bouclé.
   c. Le dossier a été bouclé par le chef du département.
(10) a. En Roumanie, six sans-abri sont morts et les communications téléphoniques sont <u>coupées</u> dans plusieurs villes.
   b. Des lignes coupées.
   c. Les communications ont été coupées par France-Télécom.
(11) a. L'affaire est déjà conclue.
   b. Une affaire conclue.
   c. L'affaire a été conclue par les différents protagonistes.
(12) a. La ville est dévastée.
   b. Une ville dévastée.
   c. La ville fut dévastée par les Serbes.
(13) a. Aujourd'hui, c'est un jour avec gâteaux, mais sans viande. Demain les pâtisseries seront <u>fermées</u> et les boucheries ouvertes. (Deforges, 87)
   b. Des pâtisseries fermées.
   c. Les pâtisseries furent fermées à 17h de l'après-midi.
(14) a. Les enfants sont hospitalisés.
   b. Des enfants hospitalisés.
   c. Les enfants ont été hospitalisés par le médecin-chef.
(15) a. Les maisons sont isolées.
   b. Des maisons isolées.
   c. A cause de cette tempête, les maisons ont été isolées.
(16) a. La victoire est méritée.

    b. Une victoire méritée.
    c. La victoire fut méritée par les Norvégiens.
(17) a. Ils sont mutilés.
    b. Des soldats mutilés.
    c. Les Juifs furent mutilés par les Nazis.
(18) a. La rue était obstruée. (Grevisse 1993:1121)
    b. Une rue obstruée.
    c. La rue avait été obstruée.
(19) a. Souhaitez longue vie à ce petit club, et surtout n'hésitez pas à frapper à sa porte. Elle est grande <u>ouverte</u>.[77]
    b. Une porte ouverte.
    c. La porte fut ouverte par la concierge.
(20) a. La circulation vers la capitale est très perturbée.
    b. Une circulation perturbée.
    c. La circulation a été perturbée par les camionneurs en grève.
(21) a. Les soldats sont punis.
    b. Des soldats punis.
    c. Ils furent punis par les ennemis.
(22) a. Les examens sont ratés.
    b. Des examens ratés.
    c. Les examens ont été ratés.
(23) a. Le travail est toujours récompensé.
    b. Un travail récompensé.
    c. Le travail fut récompensé par le professeur.
(24) a. La salle est remplie de jeunes.
    b. Une salle remplie de jeunes.
    c. Le dossier de candidature fut rempli par les étudiants.
(25) a. La victoire est revendiquée/reconnue.
    b. Une victoire revendiquée/reconnue.
    c. La victoire fut revendiquée/reconnue par les Anglais.
(26) a. Les liens du mariage sont rompus.
    b. Des liens rompus.
    c. Les liens du mariage ont été rompus par x et y.
(27) a. Le plat est salé.
    b. Un plat salé.
    c. Le plat a été salé par Marie.

---

[77] Notons que la présence d'une spécification du type *grande* devant *ouverte* explicite l'affaiblissement du sens verbal et le transfert adjectival du participe.

Le passif périphrastique

(28) a. Les revendications sont satisfaites.
   b. Des revendications satisfaites.
   c. Les revendications ont été satisfaites par le gouvernement.
(29) a. Ils sont sauvés.
   b. Des enfants sauvés.
   c. Les enfants furent sauvés par le maître-nageur.

On notera également que la préfixation en *in-* est possible uniquement pour les participes passifs adjectivaux, ce qui ressort de (30)-(33).[78] Il s'ensuit que le convertissement adjectival a nécessairement eu lieu *avant* l'opération d'affixation:

(30) a. Le travail est achevé/inachevé.
   b. Un travail achevé/inachevé.
   c. Le travail a été achevé/#inachevé par les étudiants.
(31) a. Le procédé est appliqué (à la lettre)/inappliqué.
   b. Un procédé appliqué (à la lettre)/inappliqué.
   c. Le procédé a été appliqué/#inappliqué par les ingénieurs.
(32) a. Le style est changé/inchangé.
   b. Un style changé/inchangé.
   c. Le style a été changé/#inchangé par le traducteur.
(33) a. La France est vaincue/invaincue.
   b. Une équipe vaincue/invaincue.
   c. Les Pays-Bas ont été vaincus/#invaincus par la France.

Nous savons également que le passif impersonnel n'est admissible que pour des participes passifs verbaux, ce qui témoigne d'une distinction catégorielle entre *achevé* et *inachevé* dans (30d):

(30) d. Il a été achevé/#inachevé plusieurs travaux cette année.

Sur la base de ces exemples, on peut conclure que la dérivation adjectivale semble confirmée par un très grand nombre de données. Une telle analyse suppose, comme nous le savons déjà, que l'argument interne de la base verbale ait été externalisé dans le lexique avant l'insertion dans la structure syntaxique, ce qui distingue la passivation adjectivale de la passivation verbale. Si notre hypothèse est correcte, l'opération d'adjectivisation dans (ii) relève d'une règle plus générale, du type (iii), qui prévoit la formation d'adjectifs à partir de verbes inaccusatifs:

(iii) Convertissez le participe passé inaccusatif en adjectif.

Nous avons vu au premier chapitre que des participes passés inaccusa-

---

[78] Voir à cet égard Gaatone (1998:57-8).

tifs du type *mort$_V$*, *décédé$_V$*, *parti$_V$*, *sorti$_V$*, *vieilli$_V$*, *disparu$_V$*, etc. peuvent être convertis en des adjectifs comme *mort$_A$*, *décédé$_A$*, *parti$_A$*, *sorti$_A$*, *vieilli$_A$*, *disparu$_A$* par l'externalisation de leur (seul) argument interne:

(34) Il est (déjà) mort / décédé / parti / sorti / vieilli / disparu.

Il en va de même pour la formation d'adjectifs à partir de participes passés issus de verbes réflexifs inaccusatifs. Zribi-Hertz (1987) parle d'une classe ouverte de formes ergatives réflexives, résultant d'un mécanisme lexical « productif et régulier », et qui est reliée d'une part à des verbes transitifs-causatifs et « translatifs » et d'autre part à des « états finaux » (EF) solidaires.[79] On citera à titre d'exemples des verbes comme *se casser*, *se rouiller* et *se briser* (35a-37a) dont les contre-parties transitives-causatives sont illustrées dans (35b-37b) et les EF solidaires dans (35c-37c) (exemples tirés de Zribi-Hertz (1987)):

(35) a. La branche s'est cassée.
 b. L'ouragan a cassé la branche.
 c. La branche est cassée.
(36) a. Le métal s'est rouillé.
 b. L'humidité a rouillé le métal.
 c. Le métal est rouillé.
(37) a. Les vitres se sont brisées.
 b. Le tremblement de terre a brisé les vitres.
 c. Les vitres sont brisées.

Nous considérons, conformément à (iii), les participes statiques dans (35c-37c) comme des participes passés adjectivaux.[80]

---

[79] Les verbes « translatifs » expriment, selon les définitions de Zribi-Hertz (1987), un changement d'état intrinsèque. L'état final qui est associé à la forme réflexive ergative peut également être lexicalisé comme un adjectif radical (*ses doigts se sont poissés* / *ses doigts sont poisseux*). Selon l'approche de Zribi-Hertz, le clitique réflexif dans ce genre d'exemples est un marqueur productif d'ergativité perfective. C'est pourquoi Zribi-Hertz traite la répartition des formes ergatives non-réflexives dans *la branche a cassé*, *le métal a rouillé* et #*les vitres ont brisé* comme « idiosyncrasique » et non-productive.

[80] Le même type de phénomène a été étudié en détail par Levin et Rappaport-Hovav (1995) qui parlent de l'« alternance causative » (*causative alternation*) en anglais « as a probe into the nature of inaccusativity ». On consultera en particulier le chapitre 3 de leur livre qui traite de l'alternance causative et de la distinction entre « causalité externe » et « causalité interne ». Les variantes inaccusatives de « break », « open », « sink », etc., obligatoirement non-réflexives, « can occur without an external agent », « occur spontaneously », etc. Voir pour une alternance similaire « AVB/BV » appliquée à l'italien, Burzio (1986).

Le problème est dès lors de savoir si l'on a affaire, dans (35c-37c), au participe passé adjectival issu d'un verbe inaccusatif passif ou d'un verbe inaccusatif réflexif. Autrement dit, de tels cas sont à considérer comme potentiellement ambigus. Zribi-Hertz (1987:43) dit à l'égard de (36c) qu'il se prête à deux lectures distinctes: la phrase peut être présentée comme « le fruit de l'exercice d'une volonté humaine » ou comme résultat d'un « processus « spontané » ou « naturel », c'est-à-dire indépendant de toute volonté ».[81] Dans le premier cas, l'EF est, selon Zribi-Hertz, relié à la forme transitive active pourvu d'un sujet agentif (*Quelqu'un a rouillé le métal*), dans le deuxième à une forme transitive pourvu d'un sujet causatif (*Quelque chose a rouillé le métal*). Il s'ensuit qu'une forme transitive peut être la source de *deux* verbes inaccusatifs à forme identique – le participe passé passif et le participe passé réflexif – qui tous les deux peuvent servir d'*input* à la conversion catégorielle. Passons maintenant à un emploi particulier des participes passifs, appelé traditionnellement *passif de Zustand* ou *passif d'état*, que nous situerons par rapport au passif adjectival.

2.3 Pour une extension de la catégorie du passif adjectival
2.3.1 Le passif adjectival et l'interprétation résultative
Dans 1.2.2.1 et 1.2.2.2, nous avons vu que deux analyses fondamentalement distinctes ont été proposées pour des structures contenant une base verbale télique comme (38a)-(40a):

(38) a. La fenêtre est fermée.

(39) a. En bas de la côte de Verdelais, un barrage était <u>érigé</u>. Un soldat lui fit signe de s'arrêter.

(40) a. Dehors la soirée est dépeuplée. La marée montante crachine. Les lampadaires sont <u>allumés</u>, ils éclairent le vide, rien, personne. (Cardinal, 93[82])

Il ressort de leur contexte que (38a)-(40a) ont une interprétation statique, paraphrasable par (38b)-(40b):

(38) b. La fenêtre est déjà fermée.

(39) b. Un barrage était déjà érigé.

(40) b. Les lampadaires sont déjà allumés.

Certains linguistes (cf. Vikner (1985), Togeby (1983), etc.) classifient les structures *être + pp d'un verbe transitif* du type (38a)-(40a) comme

---

[81] Voir également Muller (2000).
[82] Cardinal, M. *Le passé empiété*. Grasset. 1983.

attributives parce qu'elles ne « correspondent » pas à des phrases actives au même temps verbal, alors que d'autres linguistes (cf. Schmitt Jensen (1963), Karasch (1982) etc.) les considèrent comme des passifs d'état (ou de *Zustand*) en s'appuyant sur la possibilité de reconstitution d'événements antérieurs par rapport auxquels (38a)-(40a) marquent les résultats impliqués. (38a)-(40a) « correspondraient » alors, selon la tradition française, à des phrases actives du type (38c)-(40c) plutôt que (38d)-(40d), ce qui justifie pour les uns leur *exlusion* de la catégorie passive, pour les autres leur *inclusion* dans cette même catégorie:

(38) c. Quelqu'un a fermé la fenêtre.

d. Quelqu'un ferme la fenêtre.

(39) c. Les Allemands avaient érigé un barrage en bas de la côte de Verdelais.

d. Les Allemands érigeaient un barrage en bas de la côte de Verdelais.

(40) c. Quelqu'un a allumé les lampadaires.

d. Quelqu'un allume les lampadaires.

L'outil méthodologique développé dans le premier chapitre nous a permis de remettre en question ces analyses.

Pour qu'on puisse parler d'un passif adjectival, il faut montrer aussi bien le caractère adjectival du participe que les ressemblances morphologiques avec un passif verbal correspondant. Comme il ressort des paraphrases de (38e)-(40e), (38a)-(40a) sont compatibles avec la modification nominale, ce qui constitue un test principal d'adjectivisation[83]:

Modification nominale

(38) e. Une fenêtre fermée.

(39) e. Un barrage érigé.

(40) e. Des lampadaires allumés.

Il en va de même pour le lien formel d'implication avec un participe passif verbal construit à partir de la même base verbale:

(38) f. La fenêtre a été fermée.

(39) f. Un barrage avait été érigé.

---

[83] Notons que les participes passifs adjectivaux dans (38a)-(40a) se combinent parfois également avec des verbes comme *sembler*, *rester*, etc.:

La fenêtre est/reste fermée.

Un barrage est/reste érigé.

Les lampadaires sont/semblent allumés.

(40) f. Les lampadaires ont été allumés.

Il n'en reste pas moins que l'on peut établir une relation sémantico-pragmatique étroite entre le participe passif adjectival et le participe passif verbal. Du moment où la base verbale se définit comme télique, la phrase passive adjectivale peut être considérée comme la grammaticalisation de la lecture résultative d'une phrase passive verbale à un temps + composé, ce qui ressort de la relation inférentielle dans (38g)-(40g):

(38) g. La fenêtre est fermée. → La fenêtre a été fermée.

(39) g. En bas de la côte de Verdelais, un barrage était érigé. → En bas de la côte de Verdelais, un barrage avait été érigé.

(40) g. Les lampadaires sont allumés. → Les lampadaires ont été allumés.

C'est finalement l'existence de tels liens sémantico-pragmatiques qui a amené un grand nombre de linguistes à catégoriser des énoncés du type (38a)-(40a) comme passifs.[84]

Rien ne nous empêche donc de considérer les participes passifs adjectivaux $fermé_A$, $érigé_A$ et $allumé_A$ comme étant dérivés lexicalement des participes passifs verbaux $fermé_V$, $érigé_V$ et $allumé_V$ par la règle de conversion catégorielle (ii). Le même type d'analyse est applicable à des exemples comme (41)-(43), ce qui corrobore nos hypothèses:

(41) a. Tous les vols d'Air Inter Europe sont annulés dimanche en raison d'un mouvement de grève surprise.

    b. Des vols annulés.

    c. Tous les vols d'Air Inter ont été annulés.

(42) a. Mlle Delmas est très capable de se débrouiller sans moi. Hier, le téléphone était coupé, il est peut-être <u>rétabli</u> aujourd'hui. (Deforges, 238[85])

    b. Une ligne rétablie.

    c. La ligne a été rétablie par quelqu'un.

(43) a. Beaucoup de chevaux sont blessés.

    b. Des chevaux blessés.

    c. Beaucoup de chevaux ont été blessés.

---

[84] On notera cependant qu'il ne s'agit d'aucune nécessité théorique. Nedjalkov et Jaxontov (1988) définissent les constructions résultatives indépendamment de la catégorisation passive.

[85] Deforges, R. *La bicyclette bleue*. Editions Ramsay. 1981.

Il en va de même pour (44)-(46), mais cette fois les participes passifs adjectivaux sont susceptibles de recevoir une complémentation, obligatoire ou facultative, tout comme les participes passifs verbaux correspondants. Ainsi le SP introduit par *sur* dans (44a-b) occupe la place de complément locatif:

(44) a. Quatre verres étaient alignés sur la table.

b. Des verres alignés (sur la table).

c. Quatre verres avaient été alignés sur la table par quelqu'un.

(45) a. Un poste de secours était installé près de la cathédrale. (Deforges, 207)

b. Un poste de secours installé près de la cathédrale.

c. Un poste de secours y avait été installé par les Français.

(46) a. Il avance le premier parce qu'il est quarter back. Il porte le numéro 8 surmonté de son nom: Egisthe. Sur son casque argenté sont <u>peintes</u> deux ailes d'or. (Cardinal, 285)

b. Des ailes d'or peintes sur son casque argenté.

c. Deux ailes d'or avaient été peintes sur son casque argenté.

Quelles sont alors les conséquences empiriques et théoriques d'une telle analyse par rapport aux approches « transformationnelles »? Personne ne nie le caractère proprement passif de (41c)-(46c) où l'argument interne de la base verbale apparaît dans la position sujet d'une phrase clairement dynamique. Selon les analyses par renversement structural, (44c) se laisse paraphraser par une phrase active au même temps verbal (44d):

(44) d. Quatre verres avaient été alignés sur la table par quelqu'un.

≡ Quelqu'un avait aligné quatre verres sur la table.

Le statut passif de (41a)-(46a) est beaucoup plus controversé dans la mesure où l'interprétation est statique, en l'occurrence résultative, et où la reconstruction passive/active ne peut se faire qu'à l'aide d'une phrase active à un temps composé:

(44) e. Quatre verres étaient alignés sur la table. → Quelqu'un avait aligné quatre verres sur la table.

L'interprétation statique a parfois été définie comme un critère nécessaire pour la non-catégorisation passive en français. Milner (1986: 48) le formule comme un théorème lié à la notion d'événementialité, tel qu'il est cité en (iv):

(iv) En français, le Passif n'est reconnu pour tel que dans les phrases événementielles.[86]

Un tel théorème exclurait d'emblée (41a)-(46a) de la catégorie du passif étant donné leur caractère clairement non-événementiel, et serait compatible avec les analyses par renversement fondées sur la quasi-synonymie entre la phrase passive et une phrase active correspondante.[87] Il en va autrement pour la catégorisation passive de *Zustand* qui s'appuie sur l'opération de reconstruction dans (44e).

Nous savons pourtant qu'il n'y a aucun lien implicationnel nécessaire entre une phrase active à un temps composé et une phrase passive à un temps simple correspondant, qu'il s'agisse de la formation morphologique de participes passifs adjectivaux ou de la déduction de phases résultatives. Dans (46a) la reconstruction d'une phrase active, nécessaire pour la dérivation syntaxique, serait même pragmatiquement peu naturelle (46k):

(46) k. Deux ailes d'or sont peintes sur son casque argenté. – /→ Quelqu'un a peint deux ailes d'or sur son casque argenté.

L'application de la règle de conversion morphologique (ii) à des participes passifs verbaux comme *aligné* (44f) nous donnera pour résultat l'entrée lexicale de l'adjectif inergatif dans (44g) insérable comme tête du SA dans (44a). La présence facultative d'un argument interne indirect (de localisation) est spécifiée entre parenthèses:

(44) f. aligné, V_{passif} → aligné, A
g. aligné, A: $\underline{1}$, (2)

Si l'on se sert des tests établis pour l'adjectivisation, on se rend compte que *aligné* les passe assez facilement:

(44) h. Des verres alignés (sur la table). / Quatre verres sont déjà alignés sur la table. / Quatre verres restent alignés sur la table. /

---

[86] Milner (1986:36) appelle événementielle une phrase qui « par l'effet d'un ou plusieurs de ses constituants, distingue un instant dans la classe des instants-lieux ». Le passé composé est, selon Milner, un temps verbal qui distingue un instant, contrairement au présent (descriptif) ou à l'imparfait. Il s'ensuit que (a) sera classifié comme une phrase passive et que l'inacceptabilité de (b) s'explique par l'incompatibilité de l'opération de passivation avec un temps non-événementiel comme le présent descriptif:

(a) Ce livre a été écrit par un nègre professionnel.
(b) #Ce livre est écrit par un nègre professionnel.

[87] Nous discuterons ci-dessous la validité d'un tel théorème. Milner (1986) ajoute dans une note à la page 48 que (iv) n'est pas valable pour l'allemand où le « passif-état, marqué par sein, est simplement un passif non-événementiel ».

Quatre verres sont bien alignés sur la table.

Les résultats de (44h) sont suffisamment stables pour qu'on puisse parler d'un haut degré d'adjectivisation.

Ce procédé semble en effet présenter des avantages non-négligeables. D'une part, il nous permet de résoudre le problème de la génération syntaxique. Comme l'argument interne de la base verbale est externalisé dans le lexique avant l'insertion dans la structure syntaxique, la question portant sur le changement du temps verbal ne se pose plus en termes syntaxiques. Le comportement du participe passif adjectival dans (44h) est ainsi directement prévu par les spécifications d'ordre lexico-syntaxique.

D'autre part, (44a) conserve la même syntaxe quel que soit son lien sémantique avec une situation antérieure à un temps composé. Il en découle que la possibilité ou l'impossibilité d'une inférence pragmatique n'a aucune répercussion syntaxique. En français, il n'y a aucune différence formelle entre les états proprement dits et les états résultatifs.[88] Cela nous permet donc d'unifier la structuration syntaxique de phrases sémantiquement statiques qui possèdent les traits caractéristiques du passif et de surmonter les problèmes posés par les analyses qui se fondent exclusivement sur le renversement structural d'une phrase active. Dans le but de justifier encore cette hypothèse, il nous importe d'apporter des précisions d'ordre sémantique sur la catégorie passive adjectivale qui englobe désormais le passif « résultatif ». Les propriétés sémantiques de cette catégorie seront caractérisées à l'aide des notions d'*aktionsart*, de phases aspectuelles et de rôles thématiques.

---

[88] Nous éviterons ainsi un certain nombre de problèmes liés à l'interprétation de telles structures. Faut-il par exemple considérer l'état dans (40a) comme un état résultatif selon le schéma PR(ésent) → P(assé)C(omposé)?

Dehors la soirée est dépeuplée. La marée montante crachine. Les lampadaires <u>sont allumés</u>, ils éclairent le vide, rien, personne.

Les lampadaires sont allumés. → Les lampadaires ont été allumés par x.

Cette interprétation nous semble en effet peu naturelle pour l'exemple en question. Quelle que soit la source de l'interprétation statique, la structure aura cependant dans notre cadre théorique la même analyse syntaxique. De la même manière, (38a) peut avoir une interprétation statique où le critère d'implication sémantique n'est pas applicable:

La fenêtre est fermée depuis hier. – /→ La fenêtre a été fermée par x.

Le passif périphrastique

2.3.2 Une première caractérisation sémantique du passif adjectival
2.3.2.1 Remarques préliminaires
Comparons les deux énoncés suivants:

(47) a. Q: Et le public suit: après OM - Toulouse, la barre des 22 000 spectateurs de moyenne est <u>franchie</u>. Vous vous y attendiez?
R: Je tablais sur 17 000 ou 22 000.... (Le Figaro, 15/16 octobre 1994)
(48) a. Le roi est très respecté.

Bien que les arguments internes des bases verbales *franchir* et *respecter* dans (47a)-(48a) occupent tous deux la position sujet, une différence essentielle relative à leur caractérisation sémantico-pragmatique sépare les deux énoncés. Contrairement à (48a), (47a) peut, au moins théoriquement, s'interpréter comme le résultat d'une situation antérieure à un temps antérieur + composé, ainsi que l'illustrent (47b)-(48b):

(47) b. La barre des 22 000 spectateurs de moyenne est franchie. →
La barre des 22 000 spectateurs de moyenne a été franchie.
(48) b. Le roi est très respecté. – /→ Le roi a été respecté.

C'est pourquoi les linguistes qui parlent d'un passif d'état ou de *Zustand* ont réservé ce terme aux cas où la sémantique du verbe, éventuellement combinée avec ses arguments, implique un changement d'état. Malgré son caractère indubitablement statique, (48b) n'obéit pas à ce critère définitoire, d'où son exclusion de la catégorie. Cette méthode a le défaut supplémentaire de négliger les ressemblances sémantiques évidentes qui existent entre les deux types de passifs dans (47a) et (48a). C'est vers une classification sémantique en types situationnels que nous nous tournerons maintenant.

2.3.2.2 Les types situationnels
Pour caractériser sémantiquement l'interaction entre la sémantique du verbe et ses arguments, on se sert généralement des notions d'*aktionsart* ou d'aspect. Mais la littérature linguistique est marquée de fortes divergences quant au nombre et aux définitions des sous-classes dites aspectuelles. La taxinomie de Vendler (1967) en quatre sous-classes (états, activités, accomplissements, achèvements) a eu une influence énorme, mais elle a été reprise, modifiée et critiquée dans un grand nombre de travaux ultérieurs. Nous partons, comme Verkuyl (1989), de l'idée que le verbe organise autour de lui le nombre approprié d'arguments internes subcatégorisés pour former le S(yn-tagme) V(erbal) qui se combine, à son tour, avec un argument

externe, réalisé sous forme d'un S(yntagme) N(ominal), pour former une phrase où les constituants syntaxiques sont des porteurs d'informations sémantiques. C'est la *combinaison* entre la sémantique du verbe et celle de ses arguments qui constitue, selon Verkuyl et d'autres, l'objet d'analyse de calculs aspectuels. La classification que nous allons proposer dans ce travail servira à caractériser sémantiquement trois types situationnels: événements téliques, procès et états. Nous verrons au chapitre suivant qu'une telle classification est soumise à des contraintes sémantiques systématiques. Il s'agit dans un premier temps d'établir des critères définitoires qui nous permettront de caractériser sémantiquement les phrases statiques.

Nous caractériserons les types situationnels à l'aide de deux traits définitoires: ± progression et ± cumulatif. La première distinction concerne le changement, dans un sens large du terme, ou le non-changement à l'intérieur de l'intervalle situationnel. Pour qu'on puisse attribuer à une situation le trait (+ progression), il nous faut un intervalle d'au moins deux points temporels. Gosselin (1996) parlerait d'une « série de changements ». Exactement comme le changement dans le système de Gosselin, on peut considérer la progression comme une sorte de primitif cognitif. Cette progression peut faire partie aussi bien d'un schème cumulatif que d'un schème non-cumulatif. Si la situation est cumulative (+ cumulatif), le dernier point temporel t_n est arbitrairement donné. Autrement dit, on pourrait choisir d'étendre l'intervalle situationnel, constitué par les points $t_i...t_n$, à des points temporels postérieurs à t_n et avoir pour résultat un intervalle avec les mêmes propriétés. Si par contre la situation est non-cumulative (- cumulatif), la progression tend vers une fin naturelle ou « intrinsèque » t_n au-delà de laquelle l'intervalle du même type ne peut être prolongé. Conformément à la terminologie traditionnelle, nous définirons des situations dotées des propriétés (+ progression), (+ cumulatif) ou (+ progression), (- cumulatif) comme des *procès* ou des *événements téliques*. Le critère distinctif entre ces deux types est donc (± cumulatif). Cela dit, il est également possible de manipuler le trait (± progression). Pour qu'on puisse attribuer à une situation le trait (- progression), il faut que l'intervalle soit divisible jusqu'à un seul point temporel. Il s'ensuit qu'une telle situation stable est nécessairement cumulative. On pourrait choisir un point temporel quelconque de l'intervalle et continuer à parler d'une situation du même type. Enfin, si l'intervalle est temporellement non-délimité, le

point final t_n est arbitrairement donné avec possibilité (théorique) d'une prolongation indéfinie. Des situations qui possèdent les traits (- progression) et (+ cumulatif) se caractériseront désormais comme des *états*. Nous obtenons ainsi la classification suivante:
    (49) Types situationnels:
        (i) Evénements téliques: (+ progression), (- cumulatif)
        (ii) Procès: (+ progression), (+ cumulatif)
        (iii) Etats: (- progression), (+ cumulatif)
Ce qui caractérise sémantiquement les deux phrases dans (47a) et (48a), c'est d'abord qu'elles n'impliquent aucun changement. Un grand nombre de linguistes ont noté que les phrases statiques possèdent des parties ayant la même propriété que le tout. Théoriquement, elles peuvent même être évaluées par rapport à un seul point temporel bien qu'elles s'associent normalement à des intervalles d'une certaine durée dont la fin est arbitraire. C'est pourquoi on peut parler d'un état contingent. Ensuite l'addition de deux intervalles situationnels de ce type aboutit à un intervalle plus large ayant exactement les mêmes propriétés que les parties. On voit ainsi que (47a) et (48a) obéissent aux critères définitoires des états (- progression), (+ cumulatif).

Il y a cependant une différence sémantique importante à noter entre les deux bases verbales *franchir* et *respecter*. De par leur signification de base *franchir* est un verbe télique, alors que *respecter* est un verbe typiquement statique. Si l'on combine ces verbes avec des arguments internes appropriés et réalisés par des SN, on obtient des SV correctement formés comme *franchir la barre des 22 000 spectateurs de moyenne* et *respecter le roi*. Pour former une proposition complète il suffit d'ajouter un argument externe, ainsi que l'illustrent (47c) et (48c). On assigne à l'argument externe dans (47c) le rôle thématique d'agent, à celui de (48c) le rôle thématique d'expérienceur. Nous présupposons plus généralement une hiérarchie simplifiée entre les actants au niveau lexico-sémantique du type agent > expérienceur > thème/patient (cf. Alsina 1996:35-8):
    (47) c. Quelqu'un FRANCHIR la barre des 22 000 spectateurs de moyenne.
    (48) c. Quelqu'un RESPECTER le roi.
En additionnant deux intervalles situationnels du type (47c), on aura pour résultat deux intervalles du même type plutôt qu'un seul intervalle étendu avec les mêmes propriétés. (47c) possède ainsi les

traits (+ progression) et (- cumulatif) correspondant aux traits définitoires des événements téliques. Ce qui caractérise essentiellement les événements téliques, c'est justement le caractère dynamique de la situation ainsi que la présence d'un point final intrinsèque qui marque le point de transition entre la période qui précède et celle qui succède au point de transition. Le dynamisme et le point de transition ne sont pas intrinsèquement liés à la signification de (48c). Autrement dit, les états dans (47a) et (48a) ont des sources distinctes. Celui-ci est formé à partir d'un verbe initialement statique, alors que celui-là est formé à partir d'un verbe initialement télique. On comprend désormais pourquoi la lecture résultative stricte est incompatible avec (48a). Sémantiquement ni (48a) ni (48c) ne possèdent un point final de transition entre deux phases complémentaires. S'ils en possédaient, ils ne seraient plus cumulatifs. Il en va autrement pour l'événement télique dans (47c) qui peut avoir pour résultat l'état dans (47a). Selon Moens et Steedman (1988), l'information temporelle et aspectuelle d'une expression verbale est rapportée à une entité complexe appelée *nucléus*. Le nucléus complet comprend un point de culmination précédé d'une phase préparatoire et suivi d'une phase conséquentielle, d'où la représentation dans (50):[89]

(50) phase préparatoire   phase conséquentielle

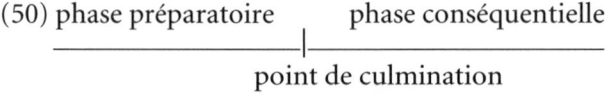

point de culmination

Dans le traitement de Moens et Steedman, le procès culminé (cf. l'événement télique dans notre terminologie et l'accomplissement de Vendler) fait intervenir sémantiquement le nucléus complet, alors que les procès et les états décrivent respectivement la phase préparatoire et la phase conséquentielle. Appliqué à notre exemple, l'énoncé actualisé à partir de (47c) peut être associé aux trois phases du nucléus. Il peut présupposer une phase préparatoire aboutissant à un point de culmination qui a pour résultat une phase conséquentielle. Le lien avec la phase qui précède et celle qui suit le point de culmination explique la reconstitution de la situation antérieure dans (47b), illustrée dans (47d):

---

[89] Voir Moens et Steedman (1988:18).

(47) d. phase préparatoire | phase conséquentielle
—————————————————|—————————————————
point de culmination
La barre des 22 000 spectateurs   La barre des 22 000 spectateurs
de moyenne a été franchie.   de moyenne est franchie.

Il semble que la structure dans (47a), où le type situationnel initial se définit comme télique, puisse focaliser la lecture résultative d'une phrase passive du moment où les spécifications contextuelles sont appropriées. Il s'ensuit que ce sont uniquement les situations initialement téliques qui peuvent être associées à des interprétations résultatives proprement dites, d'où l'impossibilité de la reconstitution dans (48b). Cela ne nous empêche pas, conformément aux principes dérivationnels lexico-syntaxiques, d'énoncer des phrases comme (47a) sans que l'inférence pragmatique soit valable. Les traits événementiels sont définis à travers la signification intrinsèquement assignée au type situationnel initial (47c). Il restera à montrer, ce qui sera fait aux troisième et quatrième chapitres, que les dérivations lexico-syntaxiques sont acompagnées de structurations sémantiques définies, et cela indépendamment du processus pragmatique que fait intervenir l'interprétation des énoncés. Cette précision s'avère également pertinente si l'on veut rendre compte de la présence ou de la non-présence d'un complément dit agentif au passif adjectival.

2.3.3 La ± présence du complément du verbe passif
Nous avons constaté que les règles lexicales de passivation (i) et (ii) s'appuient sur la suppression de l'argument externe associé initialement à la base verbale. L'opération lexico-syntaxique de passivation verbale a pour effet que le rôle thématique qu'on associe à l'argument externe du participe passé actif n'est pas assigné à la position sujet de la phrase passive. Comme le participe passif constitue l'*input* de la règle de conversion catégorielle, il va de soi que le même rôle thématique est également inéligible comme sujet au passif adjectival. Soulignons qu'une telle définition technique de la suppression argumentale concerne fondamentalement la dérivation lexico-syntaxique du passif. Bien que le rôle thématique de l'argument externe n'apparaisse pas dans une position argumentale au passif, il peut être exprimé, soit à titre facultatif soit par contrainte, dans une position non-argumentale, comme complément dans un SP en *par* ou en *de*. On

pourrait alors s'attendre à ce que la spécification dite agentive soit aussi naturelle au passif adjectival qu'au passif verbal. Mais tel ne semble pas être le cas:

(51) a. #La maison est déjà construite par des maçons italiens.
     b. La maison a été construite par des maçons italiens.

L'inacceptabilité de (51a) par rapport à (51b) semble inattendue dans la mesure où les règles (i) et (ii) supposent dans les deux cas la suppression de l'argument externe sans qu'elles spécifient les conditions de ± réalisation non-argumentale. Cependant il s'agit là d'un point controversé. La position adoptée à cet égard dépend pour une large part de présupposés théoriques. L'impossibilité de la spécification agentive dans (51a) a même servi de critère pour son *exclusion* de la catégorie du passif. Pour rendre de telles structures acceptables, il faudrait, semble-t-il, créer des contextes historiques ou de reportage comme (51c) où l'interprétation devient nécessairement dynamique:

(51) c. La maison est construite par des maçons italiens en ce moment.

Cette hypothèse est étayée par les remarques de Bally (1965:353) selon lesquelles « *La maison est construite* désigne l'état consécutif à l'action, tandis que *La maison est construite par des maçons italiens* marque le terme du procès, envisagé, mais non atteint... »[90] Même dans les approches plus spécifiquement syntaxiques du passif, la question portant sur le statut du SP en *par* n'a pas été résolue. Comme nous l'avons vu au premier chapitre, il y a, selon certains auteurs[91] un lien privilégié entre la présence (implicite) d'un argument externe au passif verbal et la possibilité facultative d'un SP agentif. Ce qui distingue le passif verbal du passif adjectival, c'est justement, selon Jaeggli (1986:619-20), la ± présence d'un argument externe syntaxiquement pertinent (ou « actif »). Sigurdsson (1989:337) oppose l'*incorporation* de l'argument externe au passif verbal à l'*élimination* totale du même argument au passif adjectival. Rappelons également le critère de Åfarli (1992:13) suivant lequel la lecture adjectivale de *Veggen er måla* (traduction littérale: *Le mur est peint*) ne peut pencher vers le passif « since no doer of the action is understood to be present; nor is it possible to add an agent phrase ». L'idée principale de ce

---

[90] L'interprétation de ce type d'exemples est commentée dans Schmitt Jensen (1963:64) et Authier (1972:100ss).
[91] Cf. Jaeggli (1986), Burzio (1986), Sigurdsson (1989) et Baker *et al.* (1989).

genre d'approches est que le passif verbal est dérivé à partir de la même représentation lexicale que la forme active: la phrase passive canonique possède un argument externe implicite, mais la morphologie passive l'empêche d'apparaître dans la position sujet.[92] Les rapports entre le passif verbal et le passif adjectival sont ainsi relégués à un plan secondaire. Autrement dit, un très grand nombre d'ouvrages considèrent la possibilité d'ajouter un complément du verbe passif, du moins implicitement, comme un critère nécessaire et suffisant pour distinguer les deux types de passifs.[93] Mais en vérité, cette règle ne tient pas.

Schmitt Jensen (1963:64) s'appuie sur l'*acceptabilité* (!) de l'exemple (51a), contredisant les remarques de Bally, pour montrer que le *Zustand* est compatible avec un complément d'agent. Il affirme ainsi que « *Cette maison est construite par les maçons italiens,* pris isolément, a la valeur de Zustand ». Selon Schmitt Jensen (1963:61) c'est un « malentendu très fréquent que Zustand exclut un complément d'agent ou que le complément d'agent comporte nécessairement Vorgang ». Il se contente de noter l'existence de tels cas et d'alléguer de façon polémique leur caractère non-déviant. Vikner (1985:103) affirme que la compatibilité entre l'expression agentive et l'interprétation statique fait partie d'un « groupe de phénomènes qui font difficulté: certaines phrases comportant un complément d'agent en *par* peuvent être des descriptions d'état ». Tout en admettant que ceci représente une difficulté pour l'analyse qu'il propose, Vikner ajoute:

---

[92] Burzio (1986:187-9) distingue « assignment of theta-role to the subject », c'est-à-dire l'assignation d'un rôle thématique à une position syntaxique définie en termes configurationnels, et « assignment of thematic subject role », sans référence à une position structurale. Tout comme les formes actives, les formes passives assignent, selon Burzio, un « thematic subject role », mais elles n'assignent pas un tel rôle thématique à la position sujet.

[93] Cf. Authier (1972:100-1): « Traditionnellement, on formule une règle selon laquelle tout énoncé pourvu d'un complément d'agent exprimé est nécessairement un passif-« action ». » On trouve de telles formulations même dans des travaux plus récents. Selon Leclère (1993:12), la phrase active $N_0\ V\ N_1$ peut être liée à une forme passive sans agent N_1 *est Vpp*. « Celle-ci traduit souvent le résultat statique d'un procès antérieur. Le *Vpp* y a alors une valeur adjectivale:
  Les ouvriers ont démonté le stand → Le stand est démonté
Ce passif adjectival s'oppose au passif « normal », totalement différent aspectuellement et qui, comme la phrase active, décrit le procès. Seul ce passif « normal » peut prendre un agent en *par*, qui reprend le sujet de la phrase active. » Pour une restriction semblable, voir Verluyten (1984:76).

« Il semble que la combinaison complément d'agent + description d'état soit possible dans les cas où la relation agent-patient est directement perceptible (et pertinente) à partir de l'état. » Il s'appuie ainsi sur les hypothèses de Authier (1972:100ss) selon lesquelles l'expression *par x* peut être considérée comme ambiguë. Elle peut signifier soit « par l'action contemporaine de x », ce qui correspond à sa fonction dans (51b), soit « par l'action antérieure de x » ou « par suite de l'action de x »[94]. Comme Vikner exclut le *Zustand* de la catégorie du passif, il est forcé de traiter une telle combinaison comme marginale et déviante. Il en va tout autrement pour Gaatone (1998) qui opte pour une définition lexicaliste unifiée du passif sans référence à un « quelconque complément d'agent » (1998:175). S'il n'y a aucune différence catégorielle à établir entre les participes passifs statiques et dynamiques dans (51a) et (51b) – une telle opposition est en effet exclue par son système – on voit difficilement pourquoi (51a) serait beaucoup moins acceptable que (51b). Il s'ensuit que les contraintes qui pèsent sur la combinaison entre le (ou les) participe(s) passif(s) et un complément en *par* « font difficulté », que ce soit au niveau empirique ou théorique.[95]

Considérons d'abord certains cas où la complémentation en *par* est admissible malgré le caractère statique de la prédication.

(52) a. La maison est décorée par Dupont (qui y a consacré un trimestre entier). (Authier 1972:102)

(53) a. J'ai ici le dossier concernant les achats de terre (...) Le contrat d'achat est paraphé par Julien Vanco. (Vikner 1985:103)

(54) a. Dreux: Marie-France Stirbois (FN) est nettement battue par le candidat RPR. (TV5 Infos, le 18 juin 1995)

(55) a. Le 4e GM est écrasé par les chars allemands: Echenbrenner tué, Luirot, Branchu, Novat, Sartin blessés. (Deforges, 280)

On constate que les participes passifs dans (52a)-(55a) semblent privilégier une complémentation en *par*, et cela même dans des contextes typiquement statiques. Les situations obéissent aux critères définitoires des états (- progression), (+ cumulatif) tout en étant

---

[94] Cf. également Skårup (1998:261) qui affirme que *Elle était prévenue contre moi par tant d'amis communs* « pose deux messages: L'un peut être exprimé par la même P(hrase)x mais sans le complément d'agent: *Elle était prévenue contre moi (...)*, l'autre par la Px du type 2.A.b. qui a la même Py et qui contient le même complément d'agent: *Elle avait été prévenue contre moi par tant d'amis communs.* »

[95] Les remarques de Muller (2000) à cet égard vont dans le même sens.

formées sémantiquement à partir d'événements téliques (+ progression), (- cumulatif) du type (52b)-(55b). Les inférences pragmatiques, trait caractéristique de la lecture résultative, sont également permises (52c)-(55c):

(52) b. Dupont DECORER la maison.

(53) b. Julien Vanco PARAPHER le contrat d'achat.

(54) b. Le candidat RPR BATTRE Marie-France Stirbois.

(55) b. Les chars allemands ECRASER le 4e GM.

(52) c. La maison est décorée par Dupont. → La maison a été décorée par Dupont.

(53) c. Le contrat d'achat est paraphé par Julien Vanco. → Le contrat d'achat a été paraphé par Julien Vanco.

(54) c. Marie-France Stirbois (FN) est battue par le candidat RPR. → Marie-France Stirbois a été battue par le candidat RPR.

(55) c. Le 4e GM est écrasé par les chars allemands. → Le 4e GM a été écrasé par les chars allemands.

Que l'interprétation soit résultative ressort des spécifications contextuelles. Ainsi l'interprétation dynamique déclenchée par le SP *en toute hâte* est clairement déviante dans (52d)-(53d), ce qui n'est pas le cas dans (52e)-(53e):

(52) d. #La maison est décorée en toute hâte par Dupont qui y a consacré un trimestre entier.

e. La maison a été décorée en toute hâte par Dupont.

(53) d. #J'ai ici le dossier concernant les achats de terre. Le contrat d'achat est paraphé en toute hâte par Julien Vanco.

e. Le contrat d'achat a été paraphé en toute hâte par Julien Vanco.

La contextualisation authentique de (54a) est illustrée dans (54d) qu'on comparera à (54e):

(54) d. Marseille: le patron de la droite, M. Gaudin, remporte à sa 3e tentative la mairie de la 2e ville de France.

Le Havre: le Parti communiste a perdu l'ultime de ses bastions au profit de la droite. Le PC a toutefois gagné les villes de Nîmes et la Ciotat.

Dreux: Marie-France Stirbois (FN) est nettement battue par le candidat RPR. Elle obtient 39,39% des voix contre 60,61% à son rival RPR. (TV5 Infos, le 18 juin 1995)

e. Marie-France Stirbois a été battue par le candidat RPR.

De même, dans un contexte historique comme (55a), enrichi par (55d), où les phrases précédant celle qui nous intéresse s'interprètent comme des passifs verbaux canoniques au présent dit historique (Cazenove .... est tué, ... puis Stern est sérieusement blessé), on aura tendance à interpréter la phrase passive, toujours au présent historique, comme un état résultant d'une situation antérieure, explicitée dans (55e), qui s'est produite dans l'intervalle pendant lequel Cazenove a été tué et Stern a été blessé. C'est surtout la fin de la séquence contenant des participes passifs sans auxiliaire qui impose cette interprétation comme une sorte de constat ou de bilan.

(55) d. J'emmène le 4e GM, le seul qui soit intact, en renfort au 3e escadron et j'installe mon PC dans l'abri de Stern. J'ai le temps d'apprendre que Sèze s'est fait prendre à Bellencombre avec trois peletons, et ... c'est l'enfer. Cazenove, qui a essayé d'organiser un point d'appui à ma gauche, est tué, puis c'est le tour de Chambon qui tombe à côté d'Audox avec un éclat d'obus dans la gorge, puis Stern est sérieusement blessé. Le 4e GM <u>est écrasé</u> par les chars allemands: Echenbrenner tué, Luirot, Branchu, Novat, Sartin blessés. (Deforges, 280)

e. Le 4e GM a été écrasé par les chars allemands.

Ces résultats seraient totalement imprévisibles si l'on adopte les hypothèses de Jaeggli (1986), etc. On notera que les arguments supprimés dans (52)-(54) sont tous + humains et agentifs à proprement parler; celui de (55) est non-humain (*les chars allemands*), mais sous le « contrôle » d'un humain. Ils sont syntaxiquement et sémantiquement restituables dans une position non-argumentale et les phrases dans lesquelles ils s'emploient sont attestées et bien formées. Ces remarques montrent que le passif adjectival est compatible, dans un nombre limité de cas, avec une expression agentive proprement dite. Reste à comprendre pourquoi le jugement d'acceptabilité semble tout de même varier en fonction d'un tel marquage, ainsi que l'illustrent (51a-b), (52a-55a) et (44i):

(44) i. La cuisine sentait le vin et la cannelle. Quatre verres étaient alignés sur la table (#par x).

La présence d'une telle extension agentive semble en effet bizarre dans un grand nombre de cas.

Rappelons que nous avons distingué trois étapes au niveau de la dérivation lexico-syntaxique. Le passif verbal est dérivé à partir de la structure argumentale du participe passé actif, alors que le passif adjectival est le résultat de la conversion catégorielle du participe passif verbal. Il s'ensuit que le participe passif *paraphé* dans (53e) a gardé un caractère verbal qui est beaucoup moins perceptible dans (53a). Le passif verbal entraîne simplement une redistribution géométrique des fonctions syntaxiques et des rôles thématiques, ce qui a pour résultat l'effet de (quasi-) synonymie entre la phase active et la phrase passive verbale construite à partir de la même base verbale. Le passif adjectival se caractérise de plus par l'affaiblissement verbal qu'implique le changement catégoriel. Il est dès lors prévisible que (52e-53e), qui ont pour bases verbales des verbes téliques, maintiennent, de par la dérivation passive verbale, leur caractère dynamique. Comme le dynamisme est intimément lié à l'agentivité, l'application de la règle de passivation est parfaitement compatible avec un haut degré d'accessibilité sémantique et conceptuelle de l'agent. L'essentiel est qu'on dissocie les propriétés sémantiques et les propriétés lexico-syntaxiques. Rappelons que la caractérisation prototypique du passif selon Shibatani (1985) prévoit que le prédicat passif peut être sémantiquement transitif et syntaxiquement intransitif. La meilleure preuve en est que le PRO de la proposition infinitive de finalité introduite par *pour* et *en vue de* peut avoir pour (co-) référent l'agent rétrogradé de la phrase passive, que ce dernier soit explicitement ou non-explicitement marqué. C'est ce que les générativistes regroupent traditionnellement sous le phénomène *contrôle*:

(52) f. La maison a été décorée (par Dupont) [pour PRO impressionner sa femme].

(53) f. Le contrat d'achat a été paraphé (par Julien Vanco) [en vue de PRO régler l'affaire le plus vite possible].

Il a souvent été dit que PRO dans (52f-53f) est contrôlé par l'argument implicite assigné au morphème passif abstrait. Jaeggli (1986: 615) montre cependant qu'il y a des différences fondamentales entre le contrôle opéré par l'argument dans des structures comme (56) et celui opéré par le rôle thématique agentif dans (57):

(56) They expected [PRO to leave the room sad].

(57) The price was decreased [PRO to help the poor].

Dans le premier cas, PRO est contrôlé par une position argumentale [SN, S] et il se trouve dans une subordonnée qui fonctionne comme COD. Il n'en va pas de même pour (57) où PRO – sujet d'une subordonnée circonstancielle – est contrôlé par une position non-argumentale.[96] Aussi Jaeggli (1986:615) parle-t-il à l'égard de (57) de

---

[96] Tel semble être le cas quelle que soit la définition adoptée de la passivation. Selon

contrôle *thématique* opposé au contrôle *argumental* dans (56). Selon Manzini (1983:427-8), le PRO d'une « modifier sentence » peut être lié (*bound*) par le sujet ou l'objet de la matrice (*John hired Mary [PRO to fire Bill]* (subordonnée attachée au SV)), par le sujet de la matrice (*John fired Mary [PRO to hire Bill]* (subordonnée attachée à la P(hrase))) ou par un « agent phonologiquement nul » (*Mary was fired [PRO to hire Bill] / Mary was hired [PRO to fire Bill]*). Dans le cadre de la Grammaire Relationnelle, Legendre (1994:101) exige que le SN « contrôleur » d'une subordonnée circonstancielle de finalité corresponde à un « 1 » d'une étape initiale, intermédiaire ou finale de la dérivation: « only a nominal which heads a 1-arc at some level can control an Adverbial Infinitival clause ». Il s'ensuit que l'agent lexico-syntaxiquement rétrogradé (*Dupont*) dans (52f) est un « potential controller » (il s'agit d'un 1 initial), tout comme le 1 final (*Pierre*) dans (58):

(58) Pierre a été arrêté par la police [avant de PRO pouvoir s'enfuir à l'étranger].

La compatibilité entre le rôle thématique agentif et PRO au passif semble tout de même dépendre de la possibilité pour l'agent de concevoir un dessein en vue de faire quelque chose:

(54) f. #Marie-France Stirbois a été battue (par le candidat RPR) [en vue de PRO ....].

(55) f. ?Le 4e GM a été écrasé par les chars allemands [en vue de PRO ....].

On peut difficilement battre quelqu'un aux élections pour/en vue de faire quelque chose (54f). L'acceptabilité douteuse de (55f) pourrait relever du caractère non-humain de l'agent, d'où l'amélioration considérable de (55g):

(55) g. Le 4e GM a été écrasé par les Allemands [en vue de PRO conquérir le sud du pays].

Quoi qu'il en soit, il semble clair que l'agent proprement dit, qui a été supprimé par le processus lexico-syntaxique, est sémantiquement et conceptuellement accessible au passif verbal pourvu que les spécifications contextuelles soient appropriées.

De là suivent un certain nombre de conséquences pour le passif

---

Jaeggli (1986), Baker *et al.* (1989) et Åfarli (1992), etc., le rôle thématique de l'argument externe du verbe passif est assigné à l'élément abstrait PASS dans une position qui n'est ni une A-position ni une A'-position.

adjectival. Si l'agent proprement dit est matériellement présent, il ne peut être associé au processus verbal dynamique que de façon indirecte. L'état en tant que tel, qu'il s'agisse de l'état résultatif ou non-résultatif, n'est pas compatible avec l'agentivité. Les situations statiques sont généralement non-agentives, alors que les situations non-statiques peuvent être agentives ou non-agentives. Ainsi pour que l'agent puisse être syntaxiquement réalisé dans une phrase passive adjectivale, il faut que le processus verbal antérieur soit restituable. Cela peut se faire, comme nous le savons, par des voies inférentielles. La phrase passive à un temps verbal simple peut décrire la phase conséquentielle (ou résultative) d'une situation antérieure à un temps + composé selon les schémas dans (59):

(59) a. PR → PC
b. IMP → PQP
c. F → FA
d. COND → CONDP, etc.

Cette étape interprétative est explicitée dans (52a) où l'expression agentive s'associe au processus verbal qui a eu lieu lors d'un trimestre précédent. La situation antérieure est directement inférable, d'où l'effet pragmatique de proximité temporelle qui est explicité sur la base d'évidences résultatives. Nedjalkov et Jaxontov (1988:52) parlent dans ce cas d'une caractérisation *qualitative* de l'agent. Des liens semblables avec une situation antérieure peuvent être établis dans (53a-55a), comme le montrent les paraphrases ci-dessous:

(53) g. Le contrat est dans l'état de paraphé à t' par Julien Vanco à t'' antérieur à t'.

(54) g. Marie-France Stirbois est dans l'état de battue à t' par le candidat RPR à t'' antérieur à t'.

(55) h. Le 4e GM est dans l'état d'écrasé à t' par les chars allemands à t'' antérieur à t'.

Qu'il s'agisse bien d'une explicitation d'ordre pragmatique ressort clairement de l'exemple (44i) ci-dessus où le lien avec une situation antérieure est affaibli ou absent, ce qui pourrait expliquer l'anomalie de la présence du SP agentif. Comme on accède à la situation dynamique, et partant à l'agentivité, par un processus inférentiel, on peut s'attendre à ce que le contrôle thématique soit difficilement réalisable au passif adjectival, ce qui est confirmé par les données suivantes:

(52) g. #La maison est (dans l'état décoré) (par Dupont) [pour PRO impressionner sa femme].

(53) h. #Le contrat d'achat est (dans l'état de) paraphé (par Julien Vanco) [en vue de PRO régler l'affaire le plus vite possible].

(55) i. #Le 4e GM est (dans l'état d') écrasé (par les Allemands) [en vue de PRO conquérir le sud du pays].

La variation d'acceptabilité entre (52f) et (52g), etc. est particulièrement révélatrice à cet égard. On peut en déduire que le rôle agentif est sémantiquement et conceptuellement moins accessible au passif adjectival qu'au passif verbal, effet directement attribuable à la conversion catégorielle (changement du verbe dynamique en adjectif statique).

Pour résumer, une telle corrélation n'est liée que de façon indirecte à la ± présence matérielle d'une complémentation en *par + SN*. En ceci nous ne suivons pas les « nouvelles analyses » purement syntaxiques du passif apparues dans la grammaire générative: selon nous, la ± présence d'une complémentation passive ne fournit aucun critère nécessaire et suffisant pour la catégorisation passive. Notre démarche n'est pas compatible non plus avec la catégorisation lexicale unifiée du participe passif proposée par Gaatone (1998). Cet auteur (1998:188) se sert de la compatibilité entre le passif et les adverbes de manière « orientés sur le sujet » pour justifier la présence – certes facultative, mais « toujours sous-jacente » – du premier argument du lexème verbal au passif « processif ». Gaatone peut ainsi justifier la grammaticalité d'exemples comme (60), mais il est incapable, nous semble-t-il, d'expliquer pourquoi une telle co-occurrence est exclue dans (52g), (53h) et (55i) ci-dessus:

(60) La maison a été brûlée pour empocher l'assurance (Gaatone 1998:188).

Ce résultat est directement prévisible par notre système dans la mesure où l'agentivité, implicite dans (60), n'est compatible avec le caractère statique des participes passifs adjectivaux que dans des contextes bien spécifiques.

Nous savons cependant que l'argument externe de la base verbale passivable n'est pas exclusivement associé à de vrais agents. Au contraire, la passivation ne semble pas soumise à des contraintes d'ordre thématique. Des verbes qui ont pour argument externe des expérienceurs, des sources, des causes, des instruments, etc. peuvent tous être passivés. Le complément d'un verbe passif peut ainsi avoir les mêmes restrictions sélectionnelles et propriétés sémantiques que le sujet d'un verbe actif. Si l'argument externe d'un verbe tel que *décorer* (cf. 52) est un vrai agent, il en va tout autrement pour les passifs dans (61)-(64) dont l'argument initialement externe est non-agentif au sens strict du terme:

(61) a. Le sol a été recouvert d'une épaisse couche de neige.
(62) a. La conférence a été suivie d'une réception. (cf. Riegel *et al.* 1994:437)
(63) a. Il a été aimé / adoré / admiré / détesté / haï par ses parents.
(64) a. Les enfants ont été émus / dégoûtés / choqués par cette histoire.

Dans (61)-(62) on trouve des verbes qui marquent la relation spatiale ou temporelle entre deux ou plusieurs termes, alors que (63)-(64) contiennent des verbes de sentiment (ou verbes « psychologiques »). Si l'on compare (61a-64a) avec (61b-64b) où les mêmes formes sont employées (de façon plus ou moins acceptable) à la forme active, on se rend compte que ces phrases passent très difficilement le test d'agentivité où il importe de les lire comme réponses à une question du type *que fait x*?

(61) b. Une épaisse couche de neige a recouvert le sol.
(62) b. Une réception a suivi la conférence.
(63) b. Les parents l'ont aimé / adoré / admiré / détesté / haï.
(64) b. Cette histoire a ému / dégoûté / choqué les enfants.

Quel que soit le rôle sémantique qu'on assigne aux compléments des verbes passifs dans (61a-64a), il ne peut s'agir d'agents au sens strict. Ni *une épaisse couche de neige* ni *la réception* dans (61)-(62) ne sont des « instigateurs humains de l'action », des référents « qui exercent une certaine force et se trouvent en mouvement »[97], pas plus que des « sujets » qui contrôlent les « objets » dans une cohésion maximale[98] ou des « animés qui contrôlent le procès », « exercent une activité », etc.[99] Quant aux verbes de sentiment dans (63a-64a), on dit, conformément à la classification de Ruwet (1994, 1995a/b), que *les parents* (63a) assument le rôle expérienceur et *l'histoire* (64a) celui de cause ou de source. Plus généralement, la classe I des verbes de sentiment (*aimer, adorer, admirer, détester, haïr*, etc.) a pour premier argument un expérienceur (ou un siège) qui apparaît sous forme d'un sujet syntaxique dans (63b) et de complément du verbe passif dans (63a).

---

[97] Voir pour une telle définition étendue de l'agentivité, Gaatone (1998:92).
[98] Cf. Ruwet (1995b:28).
[99] Cf. François (1990:19-20).

Dans la classe II (*émouvoir, dégoûter, choquer*, etc.), l'expérienceur est le deuxième argument du verbe dont le sentiment a pour cause (ou « déclencheur de l'émotion ») *cette histoire* qui fonctionne syntaxiquement comme sujet dans (64b) et comme complément du verbe passif dans (64a). C'est pourquoi on appelle parfois les verbes de la deuxième classe des verbes « causatifs ». Selon Ruwet (1995b:32), le trait caractéristique des verbes de sentiment est l'intentionnalité du « sujet » (S(ujet) I(ntentionnel)), qui est tournée vers un « contenu ou objet », nommé « corrélat de l'intentionnalité » (CI).[100] Dans (63a-b), le SI *les parents* a pour CI *il / l'*. Dans (64a-b), le même type de rapport est établi entre *les enfants* (SI) et *cette histoire* (CI).

Il est bien connu que les propriétés sémantiques du premier argument peuvent influer sur le choix de préposition devant le complément du verbe passif. Parlant de la concurrence entre *par* et *de* comme « prépositions « classiques » d'agent du passif », Gaatone (1998:194) constate que *de* est généralement considéré comme le choix marqué, « du fait de sa relative rareté d'emploi, ainsi que de sa non-productivité ». Il s'agit, selon Gaatone, d'un « phénomène typiquement résiduel » et du « vestige d'un ancien état de langue ». *Par* s'est implanté synchroniquement comme la préposition « agentive » par excellence. On trouve la distribution suivante:

(65) a. *par*: ± dynamique; ± agentif
b. *de*: ± dynamique; - agentif

Par est le choix non-marqué: en principe, il permet les combinaisons (+ dynamique, + agentif); (+ dynamique, - agentif), (- dynamique, - agentif) et même, dans des contextes particuliers[101], (- dynamique), (+ agentif). *De*, étant le choix marqué, se limite à des contextes du type (+ dynamique, - agentif) et (- dynamique, - agentif). Il s'ensuit que les compléments dans (61a) et (62a), introduits par la préposition *de*, ne peuvent être proprement agentifs bien qu'il y ait de bonnes raisons de traiter de telles phrases comme dynamiques. Elles peuvent, en outre, fournir des réponses à la question *que s'est-il passé*? Cela ne nous empêche pas de trouver des contextes où les mêmes participes passifs font partie de prédications à la fois agentives et dynamiques.

---

[100] Dans la terminologie de Ruwet, les termes « sujet » et « objet » sont ambigus, désignant à la fois des fonctions syntaxiques et des fonctions sémantiques.
[101] Cf. (52-54) ci-dessus.

Dans ces cas, la préposition *de* est entièrement exclue devant le complément proprement agentif:
> (66) a. La dépouille de Deng Xiaoping a été recouverte du drapeau rouge (par des / #des) représentants du régime chinois.
> (67) Le suspect a été suivi toute la journée (par / #d') un détective. (Riegel *et al.* 1994:437)

Généralement, on a considéré des verbes du type *recouvrir* comme des « verbes à double construction » *x recouvrir y de z* et *z recouvrir y* où x est le véritable agent.[102]

Conformément à (65a), une troisième possibilité consiste à combiner (- dynamique) avec (- agentif), ce qui est attesté par (61c), (66b) et (68):
> (61) c. Le sol était recouvert d'une épaisse couche de neige.
> (66) b. La dépouille de Deng Xiaoping était recouverte du drapeau rouge.
> (68) Chaque chapitre est suivi (d' / par des) exercices. (Gaatone 1998:203)

De tels exemples sont clairement statiques. Leurs participes passifs se comportent comme des adjectifs (*le sol recouvert d'une épaisse couche de neige / une dépouille recouverte du drapeau rouge / un chapitre suivi d'exercices*). Malgré cela, les participes ont souvent besoin d'une complémentation (*#le sol était recouvert / la dépouille était recouverte / #chaque chapitre est suivi*). Une telle complémentation non-agentive est obligatoire pour *recouvert* dans (61a) et (61c) et *suivi* dans (62a) et (67) que le participe passif soit de nature verbale ou de nature adjectivale. Gaatone (1998:183) présente une série d'exemples avec des participes passifs statiques dont la complémentation prépositionnelle est obligatoire. En voici quelques-uns:
> (69) La vallée est surplombée #(par une imposante statue).
> (70) La ville est bordée #(par un fleuve).
> (71) La maison est entourée #(par un immense parc).

Le caractère obligatoire de la complémentation s'explique ici sans doute par des facteurs pragmatiques.[103] Il s'ensuit que *par* peut introduire le complément du verbe passif même dans des prédications

---

[102] Voir Schapira (1986:160ss).

[103] Gaatone (1998:183) affirme à cet égard que la stativité de ces passifs tronqués « ne paraît pas en mesure de rendre compte de leur agrammaticalité. Ce qui est en cause, c'est bien plutôt leur non-informativité en l'absence d'un complément. »

purement statiques et non-agentives. Dans ce genre de contextes, *par* est généralement commutable avec *de*. Dès que la contextualisation permet une lecture agentive, *par* s'impose comme le seul choix:

(72) La maison a été entourée (par les / #des) policiers. (Gaatone 1998:203)

Bien que *de* admette aussi bien des contextes dynamiques que des contextes statiques, il est souvent réservé à des prédications statiques. Il est ainsi parfaitement compatible avec l'interprétation statique et avec l'adjectivisation des verbes de sentiment de la première classe.[104] Une telle complémentation est facultative:

(63) c. Il est (très) aimé / adoré / admiré / détesté / haï (de ses parents).

d. Un fils aimé / adoré / admiré / détesté / haï.

Un plus haut degré d'agentivité impose de nouveau le choix de la préposition *par*:

(73) La valeur du terrain a été estimée par un expert. (Riegel *et al.* 1994:437)

Pour les verbes de sentiment de la deuxième classe, qui impliquent la présence d'une cause externe, la distribution des prépositions est plus complexe. *Par* semble être la préposition préférée même au passif adjectival:

(64) c. Les enfants sont (très) émus / dégoûtés / choqués (par / (de)) cette histoire.

d. Des enfants émus / dégoûtés / choqués.

Si la cause est + humain, *de* est souvent inacceptable quel que soit le contexte:

(74) Les enfants ont été / sont émus / dégoûtés / choqués (par / #de) ce clown.

Ces corrélations sont prévisibles dans la mesure où la causalité n'est pas incompatible avec l'agentivité. Selon la définition étendue de l'agentivité défendue par Gaatone (1998:92), le référent agentif, qu'il s'agisse d'un + humain ou d'un - humain, « exerce une certaine force » et « se trouve en mouvement », ce qui pourrait impliquer que *l'histoire* dans (64) tout comme *ce clown* dans (74) sont des « agents » dans une acception large du terme. Ruwet (1995b:32) souligne que si le CI_i d'un SI_i dénote un être humain (74), ce SI_i peut « reconnaître en

---

[104] Rappelons que *de*, plus généralement, introduit des compléments prépositionnels après des adjectifs, qu'ils soient dérivés à partir de verbes ou non.

ce CI_i un autre sujet intentionnel de plein droit SI_j, capable lui-même de s'orienter vers un CI_j qui, éventuellement, peut coïncider avec le SI_i ».

Les contraintes auxquelles est soumise la distribution des prépositions *par* et *de* au passif dépassent les limites de ce travail. On trouve, selon la classification de Gaatone (1998), une telle alternance pour les verbes cognitifs (*comprendre, connaître, ignorer*, etc.), les verbes de perception (*écouter, entendre, voir*, etc.), les verbes d'accompagnement (*accompagner, escorter*), les verbes d'assistance (*aider, appuyer, assister*, etc.), les verbes d'acceptation (*accepter, accueillir, admettre, approuver*, etc.), les verbes de « composition » (*composer, constituer, former*, etc.), les verbes positionnels (*précéder, suivre, cerner, encadrer, entourer, surplomber, border*, etc.) et les verbes de sentiment (classe I (*aimer*) et classe II (*dégoûter*)). Schapira (1986) établit une liste d'environ 200 verbes, divisée en trois classes, qui acceptent le complément « agentif » en *de*: les verbes *appréciatifs/duratifs/sujet et objet animé* (*aduler, adorer, aimer*, etc.); les verbes exprimant, au passif, une réaction émotionnelle (*affoler, agacer, agiter, amuser*, etc.) et les verbes à double construction (*abreuver, accabler, arroser*, etc.). On consultera également Spang-Hanssen (1963) et Togeby (1983:27-39) qui offrent un bon nombre d'exemples. Sur ce point, notre propos est bien modeste: il se limite à vouloir montrer qu'il est possible d'établir quelques corrélations systématiques entre le choix de préposition et le caractère ± dynamique de la prédication.

Nous avons constaté pour l'instant que le SP peut être réalisé matériellement au passif adjectival, que le rôle thématique associé à l'argument initialement externe soit non-agentif ou agentif. A en croire les statistiques effectuées dans ce domaine, la probabilité de trouver une spécification de ce type au passif adjectival croît en fonction de la non-agentivité de l'argument externe.[105] En tout état de cause, l'influence de la sémantique lexicale ne pourra être sous-évaluée dans la mesure où elle interagit avec les opérations syntaxiques. Nous y reviendrons plus loin.

---

[105] Dans une perspective typologique, Nedjalkov et Jaxontov (1988:51) affirment que « static agentive objects occur in about 70 per cent of textual examples of resultative and quasi-resultative constructions with the agentive object. »

2.4 Le passif adjectival et les verbes atéliques
2.4.1 Remarques préliminaires
La plupart des linguistes ayant discuté la syntaxe et la sémantique du passif dit analytique être + Vtr_{pp} en français moderne s'accordent pour dire que l'ambiguïté se limite aux verbes téliques. On trouve un tel postulat entre autres dans Engwer (1931), Klum (1961), Martin (1963), Schmitt Jensen (1963), Authier (1972), Thielemann (1979), Karasch (1982), Vikner (1985) et Gaatone (1998). Gaatone (1998:17-19; 229-30) dit à cet égard qu'« avec un verbe imperfectif, le passif sans auxiliaire aspectuel, présente sans ambiguïté l'aspect inaccompli ». Il s'agit en effet d'une hypothèse généralement admise et défendue dans une perspective typologique par Nedjalkov et Jaxontov (1988). La conséquence en est que les structures formées à partir de verbes atéliques ont souvent été considérées comme moins problématiques ou plus directement accessibles.[106] Nous allons maintenant voir

---

[106] Schmitt Jensen (1963:63): « Il n'est pas besoin de s'arrêter longuement aux verbes imperfectifs – mes exemples concordent avec ceux d'Engwer: La construction désigne toujours nettement Vorgang: transposée à l'actif elle a le verbe au même temps que celui d'*être* dans la forme passive. »

Karasch (1982:122): « Wie die Untersuchung zur Vorgangs- und Zustandsmarkierung beim französischen Passiv gezeigt hat, ist die Ambivalenz des Passivs hinsichtlich dieser Differenzierung wesentlich durch das Partizip des Gesamtkonstruktion bedingt, und zwar insbesondere die Verben mit perfektivischer Aktionsart betreffend. »

Vikner (1985:100-101): Verbes d'état

Transitif: état	Ils respectent Marie.
Passif: état	Marie est respectée.
Verbes de procès	
Transitif: procès	Elle caresse Eric.
Passif: procès	Eric est caressé.
Verbe d'événement étendu	
Transitif: événement étendu	Elle ferme la porte.
Passif: événement étendu	La porte est fermée.
être + attribut: état	La porte est fermée.
Verbe d'événement instantané	
Transitif: événement instantané	Elle trouve la clef.
Passif: événement instantané	La clef est trouvée.
être + attribut: état	La clef est trouvée.

On voit que pour les verbes d'état, il s'agit d'un état aussi bien avec la construction transitive qu'avec la construction en *être* + participe passé. De même pour les verbes de procès, tant la phrase transitive que la passive décrivent un procès. Avec les verbes d'événement, par contre, la construction *être* + participe passé est ambiguë: elle peut appartenir à deux modes d'action différents: événement ou état. Dans la suite de cet

que cette analyse a été obscurcie par une frontière artificielle établie entre le traitement des verbes téliques et des verbes atéliques. C'est du rétablissement d'un tel lien que nous nous occuperons dans cette section.

2.4.2 La non-pertinence de la notion de *Vorgang*

Considérons d'abord les deux exemples cités dans (75a)-(76a) dont les significations de base (75b)-(76b) se définissent comme des états (-progression), (+ cumulatif):

(75) a. Il est aimé.
     b. x l'AIMER.
(76) a. Il est respecté.
     b. x le RESPECTER.

Suivant les définitions de Schmitt Jensen (1963), Vikner (1985), etc., (75a)-(76a) se caractérisent comme des constructions passives parce qu'elles « correspondent » à des phrases actives au même temps verbal comme (75c)-(76c):[107]

(75) c. Quelqu'un l'aime.

---

article, quand je parlerai de « construction *être* + participe passé », je viserai uniquement les constructions de ce dernier type, c'est-à-dire formées avec le participe d'un verbe d'événement. »

Thieroff (1994:40): « Bei atelischen Verben hat die dem Lateinischen *amatus est* morphologisch genau entsprechende Form jetzt Gegenwartsbedeutung; so im Französischen:

(8) Il est aimé.

« er wird geliebt »

Bei telischen Verben ist die Konstruktion systematisch ambig – sie kann sowohl ein Vorgangspassiv als auch ein Zustandspassiv bezeichnen:

(9) La porte est fermée. »

[107] On retrouve le même critère dans Togeby (1965:553) et (1983:23). Alors qu'il est explicitement formulé dans (1983), il est légèrement modifié dans (1965), ce qui ressort des citations suivantes:

(a) Les verbes imperfectifs, dont le sens n'implique pas le passage d'une limite, ont un participe passé qui a toujours une valeur de passif, de procès, et non d'état, quels qu'en soient le contexte ou la forme verbale employée. (1983:23)

(b) Ved imperfektive verber, i hvis betydning der ikke indgår en (..) grænse (*aimer, respecter*), kan perfektum participium siges at udtrykke en nutidig handling, både adjektivisk: *un chef respecté*, og som prædikativ: *il est respecté*. Derved bliver der ikke megen forskel fra passiv-konstruktionen, der angiver den igangværende handling: *il est respecté de tout le monde*. Til begge sætninger svarer i aktiv en præsens: *on le respecte*...(...) Selv ved imperfektive verber kan man dog skelne mellem en mere eller mindre prædikativisk brug af participiet... (1965:553)

(76) c. Quelqu'un le respecte.

Schmitt Jensen parle pour cette raison de *Vorgang*, critère purement syntaxique basé sur la correspondance temporelle entre la phrase passive et active.[108] Cette analyse présente cependant des inconvénients non-négligeables dans la mesure où elle ignore que les participes passifs *aimé* et *respecté* (verbes de sentiment de la première classe) peuvent avoir deux emplois clairement distincts. (75d-76d) semblent obéir d'une part aux critères de la passivation, ainsi que l'illustre le caractère verbal du participe:

(75) d. Il fut aimé passionnément par sa femme.

(76) d. Il fut respecté par le public.

D'autre part, en soumettant (75a)-(76a) aux tests d'adjectivisation, on se rend compte que *aimé* et *respecté* peuvent avoir un comportement adjectival:

Modification nominale:

(75) e. Un enfant aimé.

(76) e. Un homme respecté.

Gradation:

(75) f. Il est très aimé.

(76) f. Il est très respecté.[109]

Rien de tel n'a été dégagé par les analyses à renversement où l'ambiguïté sémantique et le choix de générations syntaxiques[110] sont ré

---

[108] Schmitt Jensen (1963:61): « On pourrait par exemple qualifer *il est connu de tous* comme l'expression d'un état. Mais ce n'est pas Zustand: tournée à l'actif, la phrase dit: *tous le connaissent...* »

[109] On trouve en effet des exemples du type *Gaishi Hiraiwa, le très respecté patron des patrons japonais*.

[110] Cf. les différentes propositions qui ont été faites pour la différence entre *Vorgang* et *Zustand*. Il est à noter cependant que Engwer (1931:44) admet la possibilité d'une adjectivisation de participes formés à partir de verbes « imperfectifs »: « Es sei daran erinnert, dass auch die Partizipien imperfektiver Verben hier und da zu Adjektiven abgeschliffen erscheinen, die uns wenig, oder gar nicht mehr die Beziehung zu einem Verb wachrufen. So ist « Un médecin aimé dans tout le quartier » bereits weniger verbal als « aimé de tous ceux qui le connaissent ». Il ajoute cependant en bas de la même page: « Gänzliche Loslösung vom Verbalbegriff aber, wie wir es in den perfektivischen *isolé, désarmé* feststellten, ist nicht gut denkbar. »

Pour résumer ses observations sur le Vorgangspassiv (1931:88) il dit tout simplement: « Bei imperfektiven Verben liegt stets, eindeutig, Vorgangspassiv vor: « Cette maison est gardée » ist und kann nach der Natur der Tätigkeit, d.h. unserer Anschauungsweise nach, nur sein: On garde cette maison. Nicht anders als bei dieser « konkreten » Tätigkeit verhält es sich bei einem Geschehen abstrakterer Natur: « Le

servés aux verbes téliques. Il s'ensuit que la notion de *Vorgang* est peu appropriée pour plusieurs raisons. (a) Elle caractérise un certain nombre d'exemples formés à partir de verbes statiques à l'aide d'un terme qui a clairement des connotations de sens dynamique. (b) Elle induit une génération syntaxique exclusivement passive verbale pour des participes qui semblent également permettre une conversion catégorielle verbe-adjectif. (c) Elle traite les verbes atéliques comme s'ils subissaient des opérations fondamentalement distinctes de celles des verbes téliques. Nous allons maintenant essayer de surmonter ces problèmes en appliquant les principes de la dérivation lexico-syntaxique aux participes passés passifs formés plus généralement à partir de verbes atéliques.

2.4.3 Généralisation des principes lexico-syntaxiques
Nous nous attacherons d'emblée à montrer que les principes lexico-syntaxiques de passivation et de conversion catégorielle s'appliquent également à des bases verbales atéliques. Pour justifier une telle hypothèse, qui va à l'encontre des analyses par renversement, il faudra illustrer que le participe passif adjectival peut effectivement être considéré comme le résultat d'une conversion catégorielle. C'est justement ce qui semble être le cas si l'on compare (77a) à (77b), les deux étant formés sémantiquement à partir du *procès* dans (77c) (+ progression), (+ cumulatif):

(77) a. Brigitte Bardot est très recherchée.
b. Brigitte Bardot a été recherchée pour meurtre.[111]
c. x RECHERCHER y.

Alors que (77b) est un passif canonique avec maintenance du caractère dynamique de la base verbale, il n'en va pas de même pour (77a). Le participe passif adjectival dans (77a) sert à caractériser, selon *Le Petit Robert*, une personne « que l'on cherche à voir, à connaître, à

---

maire est très estimé » bedeutet und kann nur bedeuten: on l'estime, nicht: on l'a estimé. » Cf. également les remarques de Huddleston (1984:443): ... « we are led to recognize *It was known*, *He was feared*, etc. as either verbal or adjectival, although there is no semantic distinction. The verbs *know* and *fear* denote states, not action or process, and there can accordingly be no content of the kind we found with *broken*. » Nous verrons au troisième chapitre que de tels « paradoxes » seront levés par l'élaboration syntactico-sémantique.

[111] Cf. également *Le tireur présumé est activement recherché par la police*. La présence d'un adverbe du type *activement* montre que le participe passif a un caractère verbal.

fréquenter, à recevoir ». Cette définition nous semble exclure la catégorisation du participe passif dans (77a) comme verbe, d'où son emploi typiquement adjectival dans (77d), et la conversion catégorielle (verbe → adjectif) entraîne le changement de propriétés situationnelles (procès → état):

(77) d. Une femme très recherchée.[112]

Il s'ensuit que la conversion catégorielle peut également s'appliquer à des participes passifs verbaux qui sont issus de verbes atéliques. On s'attendra dès lors à trouver une liste de formes adjectivales et de formes verbales correspondantes, ce qui semble être confirmé par (78)-(82):

(78) a. La frontière est très surveillée.
 b. Une frontière très surveillée.
 c. La frontière a été surveillée par les Allemands.
(79) a. Eléctions municipales de 1995: A Strasbourg, Catherine Trautmann ne semble pas menacée.
 b. Une candidate menacée.
 c. Elle a été menacée par les cambrioleurs.
(80) a. Le gouvernement est très critiqué.
 b. Un gouvernement très critiqué.
 c. Ils ont été fortement critiqués par le public.
(81) a. Il est très sollicité.
 b. Un joueur très sollicité.
 c. Zitteli a été sollicité par des clubs suisses, espagnols, portugais et français.
(82) a. Mazarin était détesté.
 b. Un homme détesté.
 c. Mazarin avait été détesté par le public.

Il va de soi que le passif adjectival, construit à partir de ce type de verbes, se combine également avec une complémentation prépositionnelle pourvu que le participe garde son caractère statique et adjectival:

(79) d. Elle est menacée de poursuites judiciaires à la suite du scandale provoqué par ...

L'essentiel est que l'argument externe de la base verbale, qu'il soit associé au complément du SP ou non, soit syntaxiquement rétrogradé

---

[112] Les deux significations de *recherché* correspondent d'ailleurs en norvégien à deux entrées distinctes: *etterspurt* (77a) et *ettersøkt (for mord)* (77b).

et sémantiquement peu accessible. Il est donc prévisible que (78c) est plus facilement compatible avec une proposition infinitive de finalité, dont le sujet implicite PRO coïncide avec l'agent rétrogradé du verbe passif, que ne l'est (78b):

(78) d. La frontière a été surveillée (par les Allemands) [en vue de PRO dépister le criminel].

e. #La frontière est très surveillée [en vue de PRO dépister le criminel].[113]

De la même manière, l'acceptabilité du passif verbal dans (83a-84a) est effective même si on peut difficilement former un participe passif adjectival à partir du participe passif (83b-84b):

(83) a. Le suspect est interrogé (par la police) [en vue de PRO résoudre l'énigme].

b. #Un suspect interrogé.

(84) a. Toutes les initiatives seront soutenues (par le Président) [en vue de PRO rétablir la stabilité de l'économie].[114]

b. #Des initiatives soutenues.

Nous avons ainsi pu justifier par des données empiriques la différence entre le passif verbal et la passif adjectival formés à partir de bases verbales transitives et atéliques. Cela exclut un marquage catégoriel

---

[113] On notera que la combinaison entre *très* et le participe passif d'une base verbale atélique peut poser des problèmes particuliers pour la catégorisation du passif. Considérons les phrases suivantes prises en partie chez Authier (1980):

(a) La connotation est très usitée.

(b) Cette passerelle est très utilisée par Marie et Jean. (Authier 1980:28)

(c) Ce modèle a été très vendu. (Authier 1980:30)

(d) Marie est très aimée par Jean. (Authier 1980:32)

L'interprétation sémantique de tels cas implique des problèmes quantificationnels liés à l'interaction entre les types situationnels (par l'exemple l'itération d'événements téliques ou de procès) et les propriétés sémantiques des arguments. Authier (1980:32) parle également d'une double interprétation pour un énoncé comme (e):

(e) Marie est très aimée.

Le référent du SN sujet dans (e) peut d'une part être aimé par un grand nombre de personnes (sans que la gradation d'amour soit nécessairement élévée pour chacun). D'autre part Marie peut être très aimée par un agent implicite (cf. (d)) avec gradation élévée de l'amour senti par l'agent.

[114] Voici l'exemple dans son intégralité énoncé après la victoire de M. Jacques Chirac aux élections présidentielles de 1995:

Il faut, avant de prendre quelque décision que ce soit, se poser la question. Est-ce que c'est bon pour l'emploi? Toutes les initiatives seront soutenues. Toutes les énergies seront mobilisées. Toutes les réussites seront encouragées. (Jacques Chirac, A2, le 7 mai 1995)

unique du participe passif et nous permet de formuler l'hypothèse dans (v):

(v) Le participe passif adjectival peut être dérivé à partir du participe passif verbal, que la base verbale soit télique ou atélique, ce qui implique la suppression de l'argument externe du verbe et l'externalisation de son argument interne avant l'insertion dans la structure syntaxique.

Il reste cependant à préciser – ce qui sera fait au chapitre suivant – les mécanismes qui règlent le choix de conversion catégorielle dans certains cas et l'excluent dans d'autres.

2.4.4 Bilan provisoire

Les conclusions qu'on peut tirer de ces analyses nous semblent à maints égards révélatrices. Nous rappelerons dans (vi) et (vii), pour des raisons de clarté, d'autres thèses défendues par la tradition française pour l'analyse des structures *être* + Vtr_{pp}:

(vi) Verbes téliques:
a. Il s'agit d'une phrase passive si elle a pour équivalent une phrase active au même temps verbal.
b. Il s'agit d'une phrase passive si elle correspond à une phrase active à un temps + composé.

(vii) Verbes atéliques (états + procès):
Il s'agit d'une phrase passive si elle correspond à une phrase active au même temps verbal.

(vi a) est adopté presque unanimement tout comme (vii). L'extension définitoire dans (vi b), qu'on trouve dans certains ouvrages (Schmitt Jensen (1963), Karasch (1982) et Thieroff (1994), Riegel *et al.* (1994), etc.), est cependant rejetée par d'autres (Vikner (1985)). Ces définitions ont été modifiées au cours de notre travail. Nous appuyant sur des principes lexico-syntaxiques, nous avons d'abord évité de définir l'opération de passivation comme une simple « transformation » structurellement déterminée à partir d'une phrase active. La passivation a plutôt été rapportée au changement lexical de la morphologie verbale et à son influence sur la structure argumentale, ce qui implique la suppression de l'argument externe de la base verbale. Ensuite, et c'est là un point controversé, nous avons inclu dans la catégorie passive les cas, appelés passifs adjectivaux, où la manipulation de la structure argumentale (suppression de l'argument externe, externalisation de l'argument interne) a lieu exclusivement dans le lexique. Cette analyse nous a permis de rapporter les participes passifs aussi bien à l'interprétation dynamique qu'à l'interprétation statique. Nous avons abouti à des résultats qui se distinguent de (vi) et de (vii) de diverses façons. Au lieu de créer une catégorie grammaticale, appelée passif d'état ou de *Zustand*, pour une sous-classe des verbes transitifs, notamment les verbes téliques, nous avons argumenté en faveur d'une opération lexicale plus générale d'adjectivisation à partir de participes passifs verbaux, sous-classe des verbes inaccusatifs. Cette dérivation peut s'appliquer indépendamment de la question d'*aktionsart*. Deux conséquences en découlent.

(a) Ce qui a été appelé passif d'état (l'interprétation résultative d'un verbe initialement télique) s'explique dans la grande majorité des cas aisément comme le résultat d'une conversion catégorielle en un adjectif.

(b) La conversion catégorielle peut également former des adjectifs à partir de participes passifs issus de bases verbales transitives et atéliques.

Nous avons ainsi restitué la symétrie qui fait défaut dans (vi) et (vii) ci-dessus où nous trouvons *deux* constructions passives fondamentalement distinctes pour les verbes téliques et une seule pour les verbes atéliques. La solution lexico-syntaxique proposée dans ce travail explique de façon naturelle le potentiel dérivationnel des verbes initialement transitifs.

2.5 Remarques finales

Le présent chapitre a traité des aspects essentiels liés à la génération syntaxique et l'interprétation sémantique de structures passives en français moderne. Nous avons pris pour point de départ les analyses qui en ont été faites dans la tradition française avant d'introduire un appareil méthodologique plus généralement applicable à l'opération syntaxique de passivation et à la conversion catégorielle verbe → adjectif. Un grand nombre de données empiriques ont été soumises à notre traitement en vue de dégager des principes généraux réglant la syntaxe et la sémantique de la tournure en question. Nous avons proposé une dérivation syntaxique pour le passif verbal à partir d'une règle lexicale qui supprime l'argument externe de la base verbale et qui permet à l'argument interne de se déplacer vers la position sujet. Cela explique pourquoi l'argument externe n'est pas nécessairement matériellement présent au passif. Le SP appelé traditionnellement

« complément d'agent » est plus précisément un non-argument au sens technique du terme. La dérivation lexicale d'adjectivisation, généralement applicable aux verbes inaccusatifs, a été adoptée pour rendre compte du double emploi des participes passifs. Ces hypothèses ont été justifiées par un grand nombre de données empiriques et des tests linguistiques reflétant la corrélation entre la conversion catégorielle et le degré d'accessibilité sémantique de l'argument externe. Nous avons traité les participes passifs verbaux comme des verbes inaccusatifs et les participes passifs adjectivaux comme des adjectifs inergatifs. Les opérations syntaxiques et sémantiques proposées dans ce travail sont définies indépendamment de facteurs sémantiques tels que l'*aktionsart* et les phases événementielles. Une nouvelle symétrie en découle qui justifie la pertinence d'opérations générales de passivation verbale et adjectivale à partir de bases verbales transitives. Ces hypothèses seront étayées au chapitre suivant où nous dégagerons les restrictions sémantiques auxquelles sont soumises les étapes dérivationnelles.

Chapitre 3
L'ambiguïté des structures passives

3.1 Introduction
Un grand nombre de travaux ont eu pour objectif de dégager les facteurs qui déterminent l'interprétation dynamique ou statique des structures *être* + *Vtr*$_{pp}$ dans des exemples comme (1a):
 (1) a. L'aéroport de Marignane est fermé au trafic aérien et tous les vols sont annulés jusqu'à nouvel ordre.
Il ressort de notre démarche, exposée dans les deux premiers chapitres, que les procédés qui avaient été proposés jusqu'alors pour la catégorisation lexico-syntaxique de la tournure en question, et qui réservent la notion d'ambiguïté à des verbes téliques, manquent de précision puisque l'opération lexicale d'adjectivisation est applicable aussi bien à des participes passifs issus de verbes téliques qu'à des participes passifs issus de verbes atéliques. Cela nous incite à reconsidérer dans le détail le fondement de la « double » analyse, en vue de la corréler à des structurations sémantiques. Tel sera l'objectif du présent chapitre. Nous examinerons et évaluerons dans un premier temps comment l'ambiguïté liée à la structure *être* + *Vtr*$_{pp}$ a été abordée par la tradition linguistique. Sur la base de cette présentation, nous proposerons des modifications parfois modestes, parfois plus substantielles. Nous verrons d'une part que le double effet induit par la contextualisation de la structure et rapporté désormais à une ontologie situationnelle bipartite plus étroitement définie, reflète l'opposition syntaxique entre le passif verbal et le passif adjectival. D'autre part, nous montrerons comment la composante sémantique interagit avec la composante morphosyntaxique. L'opération d'adjectivisation est systématiquement accompagnée de contraintes d'ordre sémantique.

3.2 La corrélation syntactico-sémantique
3.2.1 Remarques préliminaires
Les linguistes s'accordent en général pour dire (2.4) que l'ambiguïté de la structure *être* + *Vtr*$_{pp}$ n'apparaît qu'avec des bases verbales téliques. C'est pourquoi notre examen se limitera d'abord aux critères formels qui ont été proposés pour caractériser sémantiquement

l'ambiguïté potentielle (ou virtuelle) des phrases du type (1a).[115] Nous nous attacherons à montrer que la catégorisation sémantique ne peut s'appuyer entièrement sur de tels critères. Remarquons qu'il s'agit là d'un problème traité presque exclusivement par des linguistes non-francophones[116], ce qui s'explique, en partie, par des différences contrastives entre le français et des langues germaniques comme l'allemand, le danois ou le norvégien. Ainsi, la seule forme dans (1a), ayant au moins deux interprétations s'excluant mutuellement, se traduit en norvégien soit par (1b) soit par (1c):

(1) b. Flyplassen Marignane er stengt for flytrafikk og alle flygingene er innstilt inntil videre (= interprétation statique).

c. Flyplassen Marignane blir stengt/stenges for flytrafikk og alle flygingene blir innstilt/innstilles inntil videre (= interprétation dynamique).[117]

C'est sans doute la recherche des modalités par lesquelles le récepteur de (1a) conçoit la bonne interprétation sans s'appuyer sur une différenciation morphosyntaxique du type *være/bli*, *werden/sein*, etc. qui a motivé tant de linguistes à formuler des « règles » pour le choix de catégorisation.

3.2.2 La tradition

Nous commencerons cet aperçu par un rappel des définitions introduites par Engwer (1931) dont l'influence reste indiscutable. Dans son livre, intitulé *Vom Passiv und seinem Gebrauch im heutigen Französischen*, Engwer réserve l'opposition entre *Vorgang* et *Zustand* aux structures formées à partir de « verbes perfectifs » et il introduit un critère opérationnel d'ordre formel pour déterminer l'interprétation visée. La phrase en *être* suivi du participe d'un verbe transitif, selon lui, a pour équivalent sémantique une phrase active. Si les deux phrases gardent le même temps verbal, il s'agit d'un *Vorgang*. La

---

[115] Cf. Engwer (1931), Klum (1961), Schmitt Jensen (1963), Martin (1963), Authier (1972), Thielemann (1979), Karasch (1982), Vikner (1985) et Thieroff (1994).

[116] Ces questions sont à peine effleurées dans l'important travail de Gaatone (1998). Voir cependant les remarques des pages 17-19 et 229-30. Notons également que l'opposition entre « statique » et « dynamique » y joue un rôle important pour déceler les contraintes sémantiques qui pèsent sur la passivation.

[117] Comme le montre (1c), le passif canonique du norvégien se forme aussi bien à l'aide d'un auxiliaire *bli* suivi du participe passif d'un verbe transitif ou d'un verbe inergatif qu'à l'aide d'un morphème *-s* affixé au verbe.

phrase construite à partir d'un « verbe imperfectif » dans (2a) correspond à la phrase active dans (2b). Alors, l'interprétation d'une phrase à base verbale imperfective se caractérise de façon univoque comme un *Vorgang*:

(2)   a. Je suis attendu.
       b. On m'attend.

Pour les structures formées à partir de bases verbales téliques, la situation est légèrement plus complexe. Une phrase comme (3a) peut avoir pour équivalent actif aussi bien (3b) que (3c):

(3)   a. La porte est ouverte.
       b. On ouvre la porte (en ce moment).
       c. On a ouvert la porte.

Il s'agit, par conséquent, selon les définitions engweriennes, d'un *Vorgang* dans le premier cas. Il n'en va pas de même pour le deuxième cas où la phrase de départ au présent correspond (sémantiquement) à une phrase active au passé composé. Plus généralement, si la phrase passive a pour équivalent actif une phrase à un temps composé, l'interprétation se prononce pour un *Zustand*. L'ambiguïté de la structure en question n'existerait alors que pour les phrases à base verbale perfective et c'est le contexte (*Zusammenhang*) qui déterminerait l'interprétation.

Ces définitions sont reprises, peu ou prou, par Klum (1961:142ff), Schmitt Jensen (1963:61), Martin (1963:32), Authier (1972), Thielemann (1979:327), Karasch (1982:111), Vikner (1985:100-1) et Thieroff (1994:40-1), mais ces auteurs ne se contentent pas, en général, de constater qu'il y a « ambiguïté potentielle » si le participe passif est issu d'un verbe « perfectif ». Ils cherchent à dégager les facteurs qui déterminent l'interprétation dans chaque cas. C'est vers la formulation de telles « règles »[118] que nous allons maintenant nous tourner. Celles-ci s'appuient sur l'idée que la catégorisation sémantique (ambiguïté/non-ambiguïté) est le reflet direct des propriétés formelles, hypothèse justifiable par le critère de transposition active qui a été explicitement adopté par la quasi-totalité des linguistes cités.[119]

---

[118] Il s'agit ici bien sûr de l'emploi traditionnel de la notion de *règle*, exemplifié par Schmitt Jensen (1963:60), qui se distingue radicalement de son emploi dans des cadres formels.

[119] Nous nous servons provisoirement du critère de transposition active pour illustrer les hypothèses de la tradition grammaticale. Il sera abandonné par la suite conformément à notre approche élaborée aux chapitres 1 et 2.

Pour déterminer la distinction entre *Vorgang* et *Zustand*, il faut, selon Schmitt Jensen (1963:66), « prendre comme base le temps réel, chronologique » et examiner l'influence de compléments circonstanciels de temps en combinaison avec les temps verbaux. Il semble ainsi ressortir de la double catégorisation de (4) – *Zustand* si le présent, dans son emploi « normal » paraphrasé par (4b-c), « indique » *present time* et *Vorgang* s'il indique *future time* (4d) – que le temps physique joue un rôle prépondérant pour la caractérisation sémantico-pragmatique :

(4) a. Il est élu.
   b. Il est déjà élu.
   c. On l'a élu.
   d. S'il est élu demain, je quitterai le pays.
   e. Si on l'élit demain, je quitterai le pays.

C'est en effet la division chronologique en temps (*time*) présent, passé et futur qui, dans le travail de Schmitt Jensen, sert de fil conducteur à la classification de tous les cas. Le présent d'« en ce moment » (coïncidence entre la situation et le moment de la parole) favoriserait le *Zustand*, alors que le présent « décalé » (non-coïncidence entre la situation et le moment de la parole) favoriserait le *Vorgang*. On s'attendrait alors à ce que la localisation temporelle d'un énoncé à base verbale télique, que ce soit dans le passé, dans le présent ou le futur, contribue de façon décisive à lever l'ambiguïté. Cependant, les exemples échappant à une telle hypothèse abondent. D'une part, personne ne nie le fait que l'événement localisé par le présent « de reportage » dans (5a) accepte la paraphrase dans (5b) tout en étant concomitant au moment de la parole :

(5) a. Le ballon est dégagé de la surface de réparation.
   b. On dégage le ballon de la surface de réparation.

D'autre part, la localisation future de l'événement dans (6) n'empêche pas que l'énoncé soit interprété parfois comme un *Vorgang* (6b-c) et d'autres fois comme un *Zustand* (6d-e) :

(6) a. Le diadème sera volé.
   b. Le diadème sera volé dans cinquante secondes.
   c. On volera le diadème dans cinquante secondes.
   d. Dans cinquante secondes, le diadème sera volé.
   e. Dans cinquante secondes, on aura volé le diadème. (cf. Schmitt Jensen 1963:70-1)

Ce potentiel interprétatif est, nous semble-t-il, imprévisible à partir des hypothèses de Schmitt Jensen. On comprend difficilement pourquoi (5) accepte l'interprétation dynamique (5b), si « present time – dans le sens strict du terme – exclut (...) Vorgang dans les verbes perfectifs, non-imperfectivisés » (1963:70).[120] Parallèlement, une seule interprétation serait disponible pour (6a-e) si la localisation temporelle, plutôt que d'autres facteurs contextuels, était véritablement décisive pour la distinction entre *Vorgang* et *Zustand*. C'est pourquoi le critère basé sur la chronologie temporelle est toujours accompagné d'autres critères, ce qui restreint de manière radicale sa valeur explicative. Examinons quelques facteurs formels, introduits par Schmitt Jensen et d'autres linguistes, qui sont susceptibles de contribuer au choix de catégorisation sémantique.

Bien des auteurs ont souligné l'importance de la présence ou de l'absence d'adverbiaux de temps pour l'interprétation d'énoncés au futur (Klum 1961:148, Schmitt Jensen 1963:70, Vet 1980: 95, Vikner 1985:109). (6a) s'interpréterait alors nécessairement comme un *Vorgang* de par l'absence d'une indication adverbiale. Si, par contre, l'énoncé au futur contient une localisation temporelle explicite, les deux interprétations sont possibles, ce qui ressort de (6b-e). Il s'ensuit que ce n'est plus la présence ou l'absence d'adverbiaux de temps qui importent, mais plus généralement le positionnement et le fonctionnement des adverbiaux par rapport au processus interprétatif. Le mécanisme sous-jacent à ce genre de processus n'a jamais été suffisamment élucidé, malgré certaines tentatives d'explication.[121] Ainsi l'antéposition de l'adverbial n'exclut pas nécessairement le *Vorgang*, comme le montre l'exemple suivant tiré de Klum (1961:149):

---

[120] Nous corrigeons ici une faute dans la citation de Schmitt Jensen: « Present time – dans le sens strict du terme – exclut (...) Zustand (sic) dans les verbes perfectifs, non-imperfectivisés. »

[121] Selon Schmitt Jensen (1963:70-1) on lance avec l'adverbial en antéposition un « nouveau point de repère » dans le futur: « De là, on peut regarder l'action comme au présent linéaire, *le diadème est volé*, syntagme qui, nous venons de le voir, indique Zustand. » L'explication proposée par Vet (1980:95) pour l'interprétation résultative proprement dite de *A huit heures l'arbre sera abattu et on pourra se reposer* ressemble à celle de Schmitt Jensen: « Sous l'influence du complément adverbial, le point r_y en vient à fonctionner, selon nous, comme une sorte de r_x dans l'avenir et c'est alors seulement que le FA_{impl} devient possible dans la voix passive. » Si pourtant ces hypothèses étaient généralement applicables, la possibilité d'une interprétation dynamique pour (7) ne saurait être envisagée.

(7) a. Quant aux lignes, dans deux ans, les poteaux seront supprimés.

b. Quant aux lignes, dans deux ans, on supprimera les poteaux.

Ces remarques montrent que ce n'est ni la présence/l'absence d'adverbiaux de temps ni la position, tout court, qui déterminent la différence entre *Vorgang* et *Zustand*. Ces choix sont soumis à des contraintes plus générales sur lesquelles nous reviendrons.

Il en va de même pour la restriction syntactico-sémantique proposée par Vikner (1985:102) et selon laquelle des adverbiaux du type *pendant x heures* dans des exemples comme (8a) déclenchent inévitablement l'interprétation statique, alors que *en deux heures* dans (8b) n'est compatible qu'avec une interprétation événementielle[122]:

(8) a. Pendant quelques heures, ces établissements ont été fermés.

b. En quelques heures, ces établissements ont été fermés.

Il est notoire, comme le souligne Vikner lui-même (1985:99), qu'un complément du type *pendant x heures* se prête à la combinaison avec des « expressions de situation » (= atéliques) pour en faire des « expressions d'événement » (= téliques). Aussi le recours à des connaissances extra-linguistiques est-il nécessaire pour exclure l'interprétation de (8a) comme une série indéterminée d'événements téliques localisés à l'intérieur d'un intervalle délimité de quelques heures. Dans l'état normal des choses, on ne ferme/ouvre pas sans cesse des établissements pendant des heures. L'interprétation statique est encore plus pertinente, si le SN$_{sujet}$ se trouve au singulier comme dans (8c):

(8) c. Pendant quelques heures, cet établissement a été fermé.

Il se pourrait cependant qu'une structure semblable soit actualisée (8d) pour référer à des attaques qui surviennent à différents moments de l'intervalle, et l'interprétation deviendrait nécessairement non-statique:

(8) d. Pendant quelques heures, les positions ont été attaquées.

En dernier ressort, ce ne sont donc pas les adverbiaux qui *déterminent* la caractérisation sémantique de la structure en question.

L'argument lié à la présence d'un complément en *par* n'est guère plus convaincant, ainsi que l'illustre la démonstration dans 2.3.3. Il a souvent été affirmé, que ce soit dans les descriptions commençant à

---

[122] Rappelons que le critère de transposition active n'est pas applicable aux temps composés.

dater (Bally 1965:353) ou dans de plus récentes (Vet 1980:94-5, Vikner 1985:103), que le complément dans (9a), cité de Vet (ibid.), fonctionne plus généralement comme un « signe » pour expliciter le *Vorgang*. Une telle idée est encore fort répandue:
(9) a. L'arbre est abattu par le bûcheron.
b. Le bûcheron abattra l'arbre.
D'autres linguistes, comme Engwer (1931:90-1), Klum (1961:146), Schmitt Jensen (1963: 61, 64), Authier (1972:100-7) et Thielemann (1979:328-9), s'opposent à ce postulat. Quelle que soit la position qu'on adopte à cet égard, il est clair que la présence d'un complément dit agentif est compatible avec une interprétation statique. Ainsi l'exemple suivant, tiré de Vikner (1985:103), et qui justement fait problème face à l'analyse, doit être interprété comme un état malgré la présence d'un complément en *par*[123]:
(10) a. J'ai ici le dossier concernant les achats de terre (...) Le contrat d'achat est paraphé par Julien Vanco.
b. Julien Vanco a paraphé le contrat d'achat.
Notre analyse en 2.3.3 nous a fait aboutir à cette conclusion que la ± présence d'un complément du verbe passif en soi n'est pas décisive pour lever l'ambiguïté. Une telle co-occurrence au passif adjectival s'explique par la conversion catégorielle en combinaison avec la sémantique lexicale.

Considérons alors l'influence des temps verbaux et plus particulièrement celle de l'aspect, influence qui, pour certains linguistes[124], reste un critère de poids. Schmitt Jensen (1963:81-2), déjà, annonce la nécessité de recherches sur la différence entre l'aspect « perfectif » et l'aspect « imperfectif », marquée explicitement par le couple passé simple/imparfait, pour justifier son hypothèse selon laquelle il y a « affinité entre Zustand et l'aspect imperfectif et Vorgang et l'aspect perfectif ». Ce procédé est élaboré surtout par Vikner (1985). Il faut souligner que cet auteur traite séparement les aspects (limitatif/non-limitatif) et les modes d'action (= « Aktionsarten »), mais si la division en *aktionsart* (états, procès, événements étendus et événements instantanés) est clairement définie, l'opposition aspectuelle reste plus

---

[123] Selon mes informants, même une phrase du type *Le contrat est signé par le directeur* s'interprète le plus facilement comme un état. Cf. également *le testament est signé par le défunt* (Kirsten Wölch (communication personnelle)).
[124] Cf. Klum (1961), Schmitt Jensen (1963), Vikner (1985).

vague. Vikner (1985) se contente de constater que « le passé simple et l'imparfait constituent deux aspects différents d'un même temps grammatical » (1985:105), que le futur est « aspectuellement neutre » (1985:110), que « le présent normal décrit nécessairement une situation appartenant (...) au même aspect que l'imparfait » (1985:11) et que le présent dit narratif « fonctionne comme un passé qui est neutre du point de vue aspectuel » (ibid.). Ce qui intéresse Vikner, c'est surtout l'effet imposé par la combinaison entre ce qu'il appelle aspect et *aktionsart*: le passé simple décrit un événement (étendu ou instantané), alors que l'imparfait décrit un état ou un procès (= situation dans sa terminologie), « d'où il s'ensuit que le passé simple obéit au principe de succession et l'imparfait à celui d'immobilité » (1985:105). Appliqué à la construction *être* + Vtr_{pp}, ce postulat donne pour résultat que (11a) au passé simple décrit un événement et exige un contexte où l'événement, produisant son propre *focus* temporel, succède à un autre événement. L'imparfait dans (11c) s'interprète par contre comme un état qui coïncide avec un focus temporel déjà rendu accessible:

(11) a. La porte fut fermée.
b. On ferma la porte.
c. La porte était fermée.
d. On avait fermé la porte.

Comme le futur est « aspectuellement neutre »[125], une phrase à ce temps devrait admettre aussi bien la description d'un événement que celle d'un état. Cette hypothèse semble être confirmée par (6a-e). Finalement, une phrase au présent comme (12a) décrit, selon l'analyse de Vikner, un état s'il s'agit d'un emploi « normal » de la forme (12b), alors que les deux descriptions (état/événement) (12b-c) sont possibles s'il s'agit d'un emploi « narratif »:

(12) a. La lumière est allumée.
b. On a allumé la lumière.
c. On allume la lumière.

L'approche de Vikner a le mérite indiscutable de souligner l'importance qu'il peut y avoir de combiner la structuration sémantique avec des principes pragmatiques dans la reconstruction du processus

---

[125] Même si la notion d'*aspect neutre* n'est pas définie dans le travail de Vikner, nous l'entendons, conformément à la tradition, comme *ambivalence* aspectuelle plutôt que *manque* d'aspect. Voir pour une telle définition, Klum (1961:70-1).

interprétatif. Mais il semble que nous devons apporter des précisions supplémentaires d'ordre aspectuel. La « thèse aspectuelle » de Vikner fait surgir au moins deux problèmes qui y restent en suspens. D'une part, il faudrait définir les valeurs aspectuelles des temps verbaux, traitées par Vikner comme « primitives ». D'autre part, il faudrait déterminer le statut aspectuel de certains emplois « déviants » des temps verbaux comme l'imparfait dit pittoresque dans (13):

(13) a. ... quelques heures plus tard, le gouvernement répressif capitulait et les embastillés étaient relâchés. (Vikner 1985:102)

b. ... quelques heures plus tard, le gouvernement répressif capitulait et on relâchait les embastillés.

Vu les spécifications contextuelles, (13) est, comme le note Vikner lui-même, interprétable comme un événement, ce qui va à l'encontre des principes cités ci-dessus. Autrement dit, faut-il accorder à l'imparfait dit pittoresque une autre valeur (perfective ou neutre?) que celle qui a été introduite pour l'imparfait normal? On ne saurait répondre à cette question sans que l'hypothèse selon laquelle l'aspect, formellement manifesté par la flexion verbale, détermine la distinction entre la caractérisation événementielle et statique de l'énoncé soit préalablement fondée sur une théorie aspectuelle explicite. Il est cependant peu probable qu'une telle entreprise fournisse des réponses définitives. Comme le montre (14), cité de Klum (1961:146), l'imparfait dit pittoresque ou de rupture n'exclut pas nécessairement l'interprétation statique:

(14) a. ... c'était encore assez beau: une heure après, la lanterne était allumée, le vent soufflait, le ciel était noir.

b. .... c'était encore assez beau: une heure après, on avait allumé la lanterne, le vent soufflait, le ciel était noir.

Le même type de remarques est *grosso modo* valable pour les « valeurs aspectuelles » des différents emplois du présent.

3.2.3 Bilan provisoire

Cette présentation nous a montré que les critères de catégorisation proposés dans différents cadres linguistiques ne suffisent pas à eux seuls pour déterminer l'analyse sémantique des structures $\hat{e}tre + Vtr_{pp}$ d'un verbe télique. Un grand nombre de contre-exemples restent non-expliqués et une étude sur l'interrelation des facteurs formels (temps verbaux, aspects, localisation temporelle, ± présence adverbiale, etc.) fait cruellement défaut. Mais il y a plus grave. Le critère fondamental de transposition active servant à limiter l'ambiguïté aux énoncés formés à partir de verbes téliques, nous semble indéfendable. L'hypothèse portant sur l'univocité des exemples à base verbale atélique est, comme nous le savons, exclusivement liée au renversement structural passif/actif dans la mesure où (15a) se paraphrase par (15b) plutôt que (15c) :

(15) a. La frontière est surveillée.
b. On surveille la frontière.
c. On a surveillé la frontière.

Comme il est impossible d'assigner à (15a) deux structurations distinctes – tel est le raisonnement adopté par ces linguistes – cette phrase ne peut être ambiguë. Non seulement ces arguments sont théoriquement et empiriquement intenables, mais ils ont encore obscurci la question de la caractérisation sémantique de la structure en question. Il est donc grand temps d'abandonner entièrement le critère de la transposition active comme fondement de la catégorisation, qu'elle soit de nature sémantique ou syntaxique. Plus généralement, il faut formuler le problème d'une façon radicalement différente. L'essentiel est de savoir pourquoi telle structure syntaxique (passif verbal/passif adjectival) est plus ou moins facilement compatible avec tel facteur formel. Ainsi, personne ne conteste qu'on peut trouver un glissement de sens même à l'intérieur de la classe des atéliques. Il semble en effet exister des corrélations du type passif adjectival + situation statique et passif verbal + situation dynamique, qui s'appuient plus ou moins directement sur une classification étendue de l'*aktionsart*. Aussi faut-il justifier, sur des bases sémantiques solides, que les structures être + Vtr_{pp} peuvent être virtuellement ambiguës, que la base verbale soit télique ou atélique. Cette question sera abordée dans la section suivante. Nous examinerons ensuite au quatrième chapitre les conséquences de cette théorie sur la levée de l'ambiguïté.

3.2.4 L'opposition dynamique/statique
3.2.4.1 Remarques préliminaires
La classification sémantique de types situationnels que nous avons proposée au deuxième chapitre (2.3.2.2) s'établit à partir de propositions atemporelles (infinitives) servant à caractériser des « basic level predications » au sens de Smith (1991:16-22). De cette manière, les situations dans le monde seront catégorisées linguistiquement en

types situationnels de base d'après leurs traits cognitivement saillants. Des structures comme (16a)-(18a) se définissent, à l'aide des traits définitoires présentés dans (16b)-(18b), respectivement comme un *état*, un *procès* et un *événement télique*:
 (16) a. x AIMER y
   b. (- progression), (+ cumulatif)
 (17) a. x SOIGNER y
   b. (+ progression), (+ cumulatif)
 (18) a. x INSTALLER y
   b. (+ progression), (- cumulatif)
Le trait ± cumulatif nous a permis d'opposer les situations téliques (18) aux situations atéliques (16)-(17), distinction qui s'est révélée nécessaire pour caractériser sémantiquement le passif adjectival et le participe passif statique. Nous allons maintenant voir que le trait ± progression joue un rôle tout aussi important pour préciser l'ambiguïté des structures en question. C'est justement ce trait qui nous permettra d'expliciter l'opposition *dynamique/statique*. A cette fin, il faudra tout de même élargir notre classification d'*aktionsart* afin de prévoir des manipulations situationnelles à partir de divers types de base.

3.2.4.2 Principes de catégorisation situationnelle
Un très grand nombre de linguistes ont noté que l'aspect, au sens large du terme, concerne notre manière de présenter linguistiquement la réalité qui nous entoure. Imaginons alors un « tableau » où un individu x écrit une lettre y. Le locuteur peut choisir de présenter cette réalité comme étant en train de se dérouler au moment de la parole (19a) ou à un moment rendu accessible au passé (19b), mais il peut également la présenter comme entièrement terminée au moment de la parole (19c), etc.:
 (19) a. Il écrit une lettre.
   b. Il écrivait une lettre.
   c. Il écrivit une lettre.
C'est ce genre d'oppositions qui, pour la plupart des auteurs, se caractérise comme aspectuel. Nous dirons qu'une proposition initiale du type (19d), ayant les propriétés de (+ progression) et de (- cumulatif), peut être instanciée soit, conformément à son type initial, comme un événement télique aboutissant effectivement au point terminal qui lui est inhérent dans sa signification de base (19c), soit

comme un procès tendant vers une fin sans l'inclure (19a-b)[126]:
(19) d. Il ECRIRE une lettre.
Du coup, notre tâche classificatoire devient beaucoup plus complexe. Il ne suffit pas de caractériser sémantiquement des propositions atemporelles et non-instanciées comme (19d). La classification que nous avons établie dans (16)-(18) ci-dessus ne représente en effet qu'une première étape dans l'ordre de classifications plus étendues où il faut tenir compte de toutes sortes d'indications contextuelles. Vu la complexité de cette tâche, nous ne viserons pas ici une étude exhaustive des « transformations aspectuelles » entre types initiaux et modifications possibles. Cela dit, la littérature consacrée à ce sujet et sur laquelle nous pouvons nous appuyer, est très vaste. Nous donnerons suffisamment d'exemples, aussi bien en français qu'en anglais, pour autoriser à généraliser nos conclusions et à nous en servir dans l'analyse des structures passives.

Selon notre approche compositionnelle, inspirée par Verkuyl (1989), Smith (1991), Gosselin (1996) et d'autres, il faut combiner la sémantique du syntagme verbal avec la sémantique de l'argument externe avant d'attribuer à la phrase complète un type situationnel. La décomposition de la proposition initiale (19d) aura pour résultat (19e) où l'on assigne à l'argument externe un rôle agentif:

(19) e. Il ECRIRE une lettre.
(SN + délimité) + (+ progression), (- cumulatif) → (+ progression), (- cumulatif)

Si (19e) est instancié comme (19c), celui-ci garde les traits d'un événement télique, comme il ressort de (19f):

(19) f. Il écrivit une lettre.
(SN + délimité) + (+ progression), (- cumulatif) → (+ progression), (- cumulatif)

Rien ne nous interdit cependant de présenter l'événement initialement télique dans (19d) sans y inclure ni le premier ni le dernier point de l'intervalle. Cela nous permet de considérer la différence entre (19b) et (19c) comme une modification du type situationnel. Bien que

---

[126] Rappelons que les notions d'état, de procès et d'événement télique s'appliquent à la fois à des types de base et à des modifications réalisées à partir de cette base. Il faut également souligner que Smith (1991:27) se sert de dénominations du type *Stative*, *Activity*, etc. pour référer à des types situationnels idéalisés, à leur réalisation linguistique et à des situations dans le monde. Sinon les mêmes notions ont souvent servi à classifier la sémantique de verbes et de syntagmes verbaux.

le point terminal soit intrinsèquement impliqué par la signification de base attribuée à (19d) (- cumulatif), il reste non-actualisé dans (19b). C'est pourquoi nous traitons une telle phrase comme un procès (+ cumulatif):

(19) g. Il écrivait une lettre.
(SN + délimité) + (+ progression) (+ cumulatif) → (+ progression) (+ cumulatif)

Pour rendre compte de la catégorisation de phrases temporalisées nous introduirons un appareil théorique inspiré de Hans Reichenbach (1947) et traditionnellement utilisé en sémantique temporelle. L'analyse temporelle implique essentiellement, en termes reichenbachiens, la relation entre trois paramètres temporels: le temps de l'énonciation (S), le temps référentiel (R) et le temps situationnel (E). Pour le calcul aspectuel, nous nous servirons de la relation entre le temps référentiel (R) et le temps situationnel (E).[127] Il y a en principe trois relations possibles entre R et E:

(20) Relations temporelles entre E et R:
(i) le temps référentiel peut inclure (partiellement ou totalement) l'intervalle situationnel: $E \subseteq R$
(ii) le temps référentiel peut être inclus dans l'intervalle situationnel: $R \subseteq E$
(iii) le temps référentiel ne coïncide pas avec l'intervalle situationnel: $R < E$ ou $R > E$.

En termes reichenbachiens, le temps situationnel dans (19c) est inclus dans la période référentielle R ($E \subseteq R$) (19h). Quant à (19b), le temps référentiel (R) par rapport auquel on conceptualise l'événement est localisé à un moment arbitrairement choisi après le point initial et avant le point terminal de l'intervalle associé initialement à l'événement (19i):

(19) h.

i.

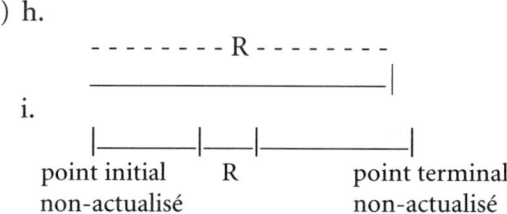

[127] Ces idées sont exploitées par un grand nombre de travaux. Voir Hinrichs (1986) pour une (première) précision sur les relations entre E et R. Pour des versions récentes d'une telle définition aspectuelle, voir Klein (1994:99ss) et Gosselin (1996).

Cette conceptualisation globale ou partielle explique également la compatibilité entre le SV et des adverbes du type *en x heures/depuis x heures* qui nous force à traiter (19j) comme un événement télique et (19k) comme un procès sans délimitation finale intrinsèque. Il s'agit en effet de tests traditionnellement utilisés pour distinguer la télicité de l'atélicité:

(19) j. Il a écrit une lettre en une heure.

k. Il écrit une lettre depuis une heure.

Les mêmes principes sont *grosso modo* valables pour (19l). Pourvu qu'il s'agisse de lettres différentes (x, y, z, etc.) à chaque occasion, cet énoncé est parfaitement interprétable. Mais cette fois il s'agit d'un procès constitué par une série non-délimitée d'événements téliques (+ cumulatif) ($R \subseteq E$):

(19) l. Il écrivait une lettre tous les jours.

Il semble donc clair qu'un événement initialement télique du type (19d), correspondant à l'*accomplissement* dans les classifications vendleriennes[128], peut être transformé en un procès si l'on change le trait (- cumulatif) en (+ cumulatif) tout en maintenant le trait (+ progression). Même un événement initialement télique comme (21a), classifié comme *achèvement* par Vendler, permet ce changement à condition qu'on puisse associer à la situation une phase préparatoire (2.3.2.2.) et localiser le point référentiel de l'imparfait dans cette période ($R \subseteq E$):

(21) a. Il ATTEINDRE le sommet.

b. Il atteignait le sommet.

Examinons maintenant l'ordre inverse de cette transformation. La possibilité de modifier un procès en un événement télique semble en effet attestée. Si l'on prend pour point de départ un procès canonique du type (22a) et qu'on y ajoute un SP marquant le point terminal du procès (22b), on obtient un événement télique (+ cumulatif) → (- cumulatif):

(22) a. Elle COURIR.

b. Elle COURIR à la gare.

L'instanciation de (22b) à l'aide du passé simple dans (22c) donne ainsi pour résultat un événement télique ($E \subseteq R$), alors que l'imparfait

---

[128] La plupart des approches aspectuelles modernes sont inspirées de la classification en quatre types (accomplissement, achèvement, activité, état) proposée par Vendler (1967).

dans (22d) présente un procès ($R \subseteq E$):
>(22) c. Elle courut à la gare.
>>d. Elle courait à la gare.

La décomposition de (22c) et celle de (22d) sont explicitées dans (22e) et (22f). On assigne à l'argument externe le rôle agentif:
>(22) e. Elle courut à la gare.
>>(SN + délimité) + (+ progression), (- cumulatif) → (+ progression), (- cumulatif)
>>f. Elle courait à la gare.
>>(SN + délimité) + (+ progression), (+ cumulatif) → (+ progression), (+ cumulatif)

La délimitation peut également être marquée par un SP qui spécifie à la fois la limite initiale et la limite finale du procès, comme le montre la différence entre (23a) et (23b):
>(23) a. Elle VOLER.
>>b. Elle VOLER de Trondheim à Oslo.

Un autre exemple plus marqué de ce type apparaît avec la modification du procès dans (24a) en un événement télique (24b). Cette co-occurrence ne semble en effet acceptable que s'il est possible de spécifier la limite initiale du procès. Ce changement (= le début du procès) peut alors être traité comme un événement télique ($E \subseteq R$) et l'adverbe temporel mesure la durée pour aboutir à ce point:
>(24) a. Elle JOUER.
>>b. Elle joua en deux minutes.

Si, par contre, on ajoute un point terminal au type initial comme dans (24c), le même adverbe mesure, conformément à sa fonction normale, la durée effective de l'événement télique (24d) ($E \subseteq R$):
>(24) c. Elle JOUER une sonate.
>>d. Elle joua une sonate en dix minutes.

Jusqu'ici nous avons examiné des cas qui changent le trait (- cumulatif) en (+ cumulatif) ou inversement (+ cumulatif) en (- cumulatif). Ces modifications font que les événements restent dynamiques, que le point terminal soit actualisé ou non-actualisé. Cela ne nous empêche pas de concevoir d'autres transformations modifiant le trait (± progression), et par conséquent le rapport dynamique/statique. S'il est vrai qu'une proposition comme (25b), construite à partir de (25a), garde les traits du procès initial, il en va autrement de (25c) où le même prédicat s'emploie pour attribuer au référent du SNsujet la

propriété d'être fumeur[129]:
- (25) a. Il FUMER.
    - b. Il fume (en ce moment).
    - c. Il fume (du tabac).

(25c) s'interprète alors naturellement comme un état ayant modifié le trait initial (+ progression) en (- progression), ce qui est illustré par (25d) et (25e). La transformation aspectuelle s'accompagne d'un changement des rôles thématiques (+ agent → - agent) assignés à l'argument externe. Dans les deux cas, la période référentielle est incluse dans l'intervalle situationnel (R ⊆ E):

- (25) d. (SN + délimité) + (+ progression), (+ cumulatif) → (+ progression), (+ cumulatif)
    - e. (SN + délimité) + (- progression), (+ cumulatif) → (- progression), (+ cumulatif)

Smith (1991) parle ici d'un état (habituel) dérivé à partir d'une « catégorisation basique » (*basic level categorisation*). Elle se sert, plus généralement, de la notion de *focus marqué* (1991:80) pour traiter les cas, exemplifiés par (26), où le locuteur choisit de présenter un événement dynamique (26a) comme un état (26b):[130]

- (26) a. The ship MOVE.
    - b. The ship was in motion.

Les possibilités de manipuler les traits (± progression) ne s'arrêtent cependant pas là. Il est parfaitement possible de prendre pour point de départ un état et de lui associer les traits d'un procès. Cette modification est illustrée pour l'anglais par Moens (1987:59-61) et Smith (1991:79-85) dans des exemples comme (27) (R ⊆ E):

- (27) a. I am hating zoology class.

Smith (1991:79) constate à l'égard d'exemples comme (27) qu'ils présentent un assemblage verbal à la fois statique et non-statique:

> « The first type of sentence (= marked aspectual choice (HPH)) presents a verb constellation usually taken as Stative as an event.

---

[129] On trouve un grand nombre d'exemples semblables qui dérivent l'état « habituel » à partir d'un procès ou même d'un événement télique: Il boit du vin (procès initial) → Il boit (état dérivé); Il mange du gâteau (procès initial) → Il mange du gâteau (état dérivé); Il travaille (procès initial) → Il travaille (chez Renault) (état dérivé); Il va à l'école à pied (événement télique initial) → Il va à l'école à pied (état dérivé); Il lit le journal (événement télique initial) → Il lit le journal (état dérivé).

[130] « In using this type of marked focus, the speaker may wish to emphasise the homogeneity of an event's internal stages. » (Smith 1991:80)

The effect is conveyed by dynamic syntax. Typically in English the progressive viewpoint appears in such sentences: since the progressive appears neutrally only for non-statives, its use indicates that the verb constellation of the sentence is non-stative. » (Smith: 1991:79)

Nous considérons ce « choix aspectuel » comme une modification du type situationnel, modification que nous illustrerons pour le français dans la section suivante. L'essentiel est qu'il soit possible de conceptualiser une situation initialement statique comme un procès. Nous obtenons ainsi le résultat (27c) à partir de (27b) en changeant le trait (- progression) en (+ progression). L'argument externe a un rôle non-agentif dans les deux cas:

(27) b. I HATE zoology class.

(SN + délimité) + (- progression), (+ cumulatif) → (- progression), (+ cumulatif)

c. (SN + délimité) + (+ progression), (+ cumulatif) → (+ progression), (+ cumulatif)

La différence entre (27b) et (27c) montre, comme le dirait Smith, que nous avons « équipé » un état d'un certain nombre de propriétés normalement associées à un procès.[131]

Une proposition classifiée initialement comme un état peut également être transformée en un événement télique. Bien que (28a) se combine plus facilement avec l'imparfait qui maintient les propriétés statiques (28b), la combinaison avec le passé simple n'est pas exclue, ce qui provoque un effet de sens particulier. La tradition grammaticale classifierait cet emploi comme inchoatif (ou ingressif), classification qui impose des limites à l'événement initialement statique.[132] Le temps situationnel serait ainsi inclus dans la période référentielle ($E \subseteq R$):

(28) a. Elle SAVOIR la réponse.

b. Elle savait la réponse.

(SN + délimité) + (- progression), (+ cumulatif) → (- progression), (+ cumulatif)

---

[131] Nous trouvons des contraintes semblables dans le travail de Moens (1987:61): « Possibilities of a progressive auxiliary with a stative verb seem to be determined by the ease with which one can think of the state as having successive stages: for *resemble* this can be done relatively easily, for *be unaware* this seems almost impossible. This is what is meant by the label « dynamics in progress » in the aspectual network. »

[132] Voir à titre d'exemple, Riegel et al. (1994:304).

c. Elle sut la réponse.

(SN + délimité) + (+ progression), (- cumulatif) → (+ progression), (- cumulatif)

A considérer (28c), l'événement télique est constitué par le changement en un nouvel état. Commentant des exemples comme (29a) et (29b), Smith (1991:44, 52-4) parle de la présentation indirecte d'un état (E ⊆ R). On pourrait dire que l'état est *inféré* à partir de l'événement télique antérieur:

(29) a. The gate was closed by the guard.
b. I cooked the roast medium rare.

Dans (29c), il s'agit par contre d'une construction résultative proprement dite qui focalise l'état résultatif d'un événement télique (R ⊆ E). Il s'ensuit que (29c) peut être considéré comme le résultat d'une modification situationnelle:

(29) c. The gate was (in the state) closed.

La décomposition de l'événement télique et son résultat (= état contingent) dérivé sont illustrés dans (29d) et (29e). L'argument externe qui a un rôle agentif dans (29d) est bien sûr supprimé dans (29e) étant donné les processus lexico-syntaxiques de passivation et de conversion catégorielle:

(29) d. The guard CLOSE the gate.

(SN + délimité) + (+ progression), (- cumulatif) → (+ progression), (- cumulatif)

e. The gate was closed.

(SN + délimité) + (- progression), (+ cumulatif) → (- progression), (+ cumulatif)

Dans le deuxième chapitre, nous avons considéré un grand nombre d'exemples du type (29c). Nous y reviendrons incessamment en examinant la corrélation syntactico-sémantique. Constatons simplement que nous avons jusqu'ici illustré les transformations aspectuelles suivantes:

(30) a. événement télique → procès
(+ progression), (- cumulatif) → (+ progression), (+ cumulatif)
b. événement télique → état
(+ progression), (- cumulatif) → (- progression), (+ cumulatif)
c. procès → événement télique
(+ progression), (+ cumulatif) → (+ progression), (- cumulatif)
d. procès → état
(+ progression), (+ cumulatif) → (- progression), (+ cumulatif)

e. état → événement télique
(- progression), (+ cumulatif) → (+ progression), (- cumulatif)
f. état → procès
(- progression), (+ cumulatif) → (+ progression), (+ cumulatif)

Nous disposons désormais de tous les éléments nécessaires pour expliciter l'ambiguïté de la structure *être* + *Vtr$_{pp}$* en termes situationnels.

3.2.4.3 La catégorisation situationnelle des phrases passives
3.2.4.3.1 Remarques préliminaires
Sur la base de cette classification situationnelle, il nous reste à justifier les corrélations syntactico-sémantiques dans (31a) et (31b):
  (31) a. construction passive verbale + situation dynamique
       b. construction passive adjectivale + situation statique

(31) exige tout simplement que la syntaxe passive verbale aille de pair avec la catégorisation situationnelle dynamique tout en excluant sa dimension statique, alors que l'opération lexicale d'adjectivisation efface tout élément dynamique de la prédication. Les adjectifs sont par définition statiques. Il s'ensuit maintes conséquences d'ordre théorique et empirique qui seront examinées ci-dessous. Si cette démarche se révèle fructueuse, nous disposons alors d'arguments supplémentaires pour abandonner le théorème de Milner (1986:48) cité dans (i):
  (i) En français, le Passif n'est reconnu pour tel que dans les phrases événementielles.

La démonstration que nous allons faire confirmera notre hypothèse selon laquelle l'ambiguïté virtuelle de la tournure en question, précisée en termes situationnels, n'est pas exclusivement réservée aux verbes initialement téliques. Comme nous le verrons, les transformations aspectuelles, telles qu'elles sont définies ci-dessus, serviront à lever les paradoxes apparents liés à (31) et au théorème milnerien.

3.2.4.3.2 L'hypothèse de la corrélation syntactico-sémantique
On peut déduire deux conséquences bien précises de (31a-b):
  (ii) Pour former une phrase passive verbale x_i *[être [$_{SV}$V$_{pp}$ t$_i$]]*, il faut que la situation puisse se caractériser comme dynamique.
  (iii) Pour former une phrase passive adjectivale x *[$_{SV}$ être [SA]]*, il faut que la situation puisse se caractériser comme statique.

Le problème est alors de savoir comment on peut arriver à l'état à partir du processus verbal dynamique. Si cette transformation s'avère possible, on pourra en conclure que la phrase est virtuellement ambiguë.

Que les événements initialement téliques soient instanciés comme des événements téliques (+ progression), (- cumulatif), apparaît clairement dans (32a-41a):

(32) a. Sur son casque argenté ont été peintes deux ailes d'or.

(33) a. Bill Clinton a été acquitté des deux chefs d'inculpation dans l'affaire Monica Lewinsky.

(34) a. La porte fut ouverte/fermée.

(35) a. La ligne téléphonique avait été coupée par France Télécom.

(36) a. A Perigueux, elles furent <u>arrêtées</u> par des gendarmes français, qui s'inquiétèrent de voir deux jeunes femmes seules dans une si grande voiture avec aussi peu de bagages. (Deforges, 255)

(37) a. Les 8 skieurs allemands bloqués par une tempête de neige au-dessus de la station de Valmorel, près de Chambéry, ont pu être rejoints mercredi matin par les secouristes. Ils sont sains et saufs. Deux skieurs avaient quitté leurs compagnons mardi pour gagner le nord du col de la Madeleine et ont été <u>retrouvés</u> par des secouristes mercredi matin. (TV Infos, le 14 février 1996)

(38) a. La décision a été prise par le conseil d'administration.

(39) a. Il a été rongé par la maladie.

(40) a. Le service militaire tel qu'il existe aujourd'hui sera <u>supprimé</u>. Il sera remplacé par un service limité de six mois ou par un service fondé sur le volontariat. (TV5 Infos, le 22 février 1996)

(41) a. Le satellite TDF fut lancé en 1987.

Nul ne contestera le caractère proprement passif de (32a)-(41a). Nous dirons que des propositions du type (41b) peuvent être instanciées, conformément à leur type initial, comme des situations téliques aboutissant effectivement au point terminal inhérent à leur signification de base:

(41) b. x LANCER y

(+ progression), (- cumulatif)

En termes reichenbachiens, le temps situationnel est inclus dans la période référentielle ($E \subseteq R$), ce qui ressort de (41c):

(41) c.

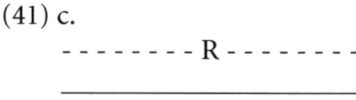

La corrélation établie dans (31a) est ainsi confirmée. Si l'on compare

(32a-41a) avec les exemples suivants, on s'aperçoit que les participes passifs verbaux *peint*$_V$, *acquitté*$_V$, *ouvert*$_V$, *fermé*$_V$, *coupé*$_V$, *arrêté*$_V$, *retrouvé*$_V$, *pris*$_V$, *rongé*$_V$, *supprimé*$_V$ et *lancé*$_V$ admettent plus ou moins facilement la conversion catégorielle.

(32) b. Il avance le premier parce qu'il est quarter back. Il porte le numéro 8 surmonté de son nom Egisthe. Sur son casque argenté sont <u>peintes</u> deux ailes d'or. (Cardinal, 285)

(33) b. Bill Clinton est acquitté.

(34) b. Aujourd'hui, c'est un jour avec gâteaux, mais sans viande. Demain les pâtisseries seront <u>fermées</u> et les boucheries <u>ouvertes</u>. (Deforges, 87)[133]

(35) b. Mlle Delmas est très capable de se débrouiller sans moi. Hier, le téléphone était <u>coupé</u>, il est peut-être rétabli aujourd'hui. (Deforges, 238)

(36) b. Les malfaiteurs sont arrêtés.

(37) b. Les quatre skieurs sont retrouvés.

(38) b. Ça y est. Ma décision est prise.

(39) b. Les radiographies montrent les cavernes, nébuleuses sombres dans la grande image de son torse d'athlète. Chaque fois qu'on fait un nouvel essai de pneumothorax, c'est un échec. Ses poumons sont <u>rongés</u> par les gaz. (Cardinal, 210)

(40) b. Le service militaire est désormais supprimé.

(41) d. Nous émettrons en 1987, explique son patron, Bernard Faivre d'Arcier. Le satellite TDF sera <u>lancé</u> et nos programmes seront prêts. (L'Express, le 17 janvier 1986)

Bien que (32b)-(41d) soient construits à partir d'événements initialement téliques, l'interprétation globale des exemples (au PR, à l'IMP, au PC et au FUT) est clairement statique, d'où leur compatibilité avec *déjà* (35c), ce qui nous contraint à recatégoriser les situations comme des états (- progression) (+ cumulatif):

---

[133] On trouve en effet facilement des exemples de ce type:
(a) .... l'entrée dans la nouvelle année a été dignement célébrée un peu partout dans le monde. L'événement avait une saveur particulière à Sarajevo, après 3 ans et demi de guerre. Des rafales d'armes automatiques, dirigées cette fois vers le ciel, sont venues saluer les 12 coups de minuit. Tous les cafés étaient <u>ouverts</u> et les rues étaient illuminées. (TV5 Infos, le 1er janvier 1996)
(b) Le col de Saverne était <u>fermé</u> et la nationale en direction de la Moselle impraticable. L'Alsace Bossue était <u>coupée</u> du monde par une trentaine de centimètres de neige. (DNA, le 20 novembre 1996)

(35) c. Hier déjà, le téléphone était coupé.

Ainsi, la période référentielle doit être incluse dans le temps situationnel (R ⊆ E), comme le montre (35d):

(35) d.

$$- R -$$
_____

Cela ne nous empêche pas, bien sûr, d'inférer le point de culmination qui a eu pour résultat l'état en question. Tel semble être le cas dans (41d) où c'est justement le point terminal antérieur lié à la signification de l'événement télique initial qui reste non-explicité. Autrement dit, c'est par rapport à la phase résultative de l'événement antérieur que les programmes sont prêts:

(41) e.

$$- R -$$
_____|_____

point initial   point terminal   phase résultative
non-actualisé   non-actualisé

L'essentiel est qu'il s'agisse d'interprétations statiques, indépendamment du fait que l'événement antérieur soit pragmatiquement restituable ou non. On comprendra dès lors pourquoi on a recouru à des paraphrases actives à un temps + composé pour illustrer l'ambiguïté potentielle des structures *être* + Vtr_{pp} d'un verbe initialement télique. Si le temps référentiel inclut (ou précède) le point terminal de l'intervalle situationnel, la paraphrase active au même temps verbal maintient le trait (+ progression). Si par contre le temps référentiel est inclus dans la phase succédant au point terminal, la paraphrase active à un temps composé suivie d'un état résultatif inverse le trait (+ progression) en (- progression). La paraphrase active explicite ainsi pour un certain nombre d'exemples, le caractère dynamique (+ progression) ou statique (- progression) des situations dotées du même point de départ télique.

Conformément à la corrélation dans (31b), la transformation aspectuelle (événement télique → état) aura des répercussions syntaxiques. Le participe passif adjectival dans (41d) sera ainsi inséré dans la structure syntaxique comme tête d'un SA:

(41) f. [$_{SN}$ Le satellite] [$_{SV}$ sera [$_{SA}$ lancé]]

Cette contrainte nous force à dériver le participe dans (39b), vu le caractère statique de sa prédication, comme un adjectif bien que cette phrase contienne une spécification explicite en *par*. On en trouve l'explication dans le livre de Cardinal (pp. 160-170) (39c). Le complément en *par* n'est pas proprement agentif: on pourrait imaginer une paraphrase du type *ses poumons sont rongés en raison de l'émanation de gaz*:

(39) c. Pendant la Grande Guerre, un obus est tombé en plein dans le cratère où se trouvent Jean-Maurice et Langlois: « C'était plus de la pluie qui tombait mais de la mitraille et des gaz (...) J'avais rien de cassé mais mes poumons avaient flambé. Mon masque avait été arraché au moment de l'explosion et s'il n'y avait pas eu toute cette terre au-dessus de moi et l'uniforme trempé de Langlois contre ma bouche, tout ça qui faisait filtre, je serais mort asphyxié. Tandis que là, je n'étais pas tout à fait asphyxié. Mes poumons étaient pas mal brûlés mais ils fonctionnaient toujours. » (Cardinal, 160-70)

Notre cadre théorique nous permet ainsi de préciser en termes situationnels que les structures *être* $+Vtr_{pp}$ formées initialement à partir d'événements téliques peuvent effectivement être ambiguës, et d'associer aux significations nettement distinctes et s'excluant mutuellement deux structures syntaxiques.

Les transformations aspectuelles illustrées dans 3.2.4.2 nous ont également montré qu'il est possible de rapporter de façon indirecte l'événement initialement télique à un état. Le changement même en un *état (change into state)*, illustré par (42-44), constitue ainsi un événement télique dont on peut *inférer* l'état résultatif:

(42) Dès que le laboratoire sera fermé dans quatre ou cinq jours, je te promets une grande balade en auto. (Beauvoir, 16[134])

(43) Pourtant, quand les écuelles furent vidées, on alluma les pipes et on se mit à causer un peu. (Schmitt Jensen 1963:76)

(44) a. La sonnette de la porte d'entrée retentit de nouveau. « Oh! docteur », s'écria Léa dès que la porte fut ouverte. (Deforges, 176)

Les subordonnées introduites par *dès que, quand*, etc., combinant un événement initialement télique avec le FUT ou le PS, explicitent la transition finale de la situation et le début de l'état résultatif ($E \subseteq R$). La phase conséquentielle doit être inférée et c'est par rapport à cet état que sont localisées la balade en auto (42), l'exclamation de Léa (44), etc. Il s'ensuit que l'état résultatif peut être explicité ou implicitement présent. On comparera sur ce point (44a) et (44b):

---

[134] Beauvoir, S. *La femme rompue*. Gallimard. 1967

(44) b. « Oh! docteur », s'écria Léa. La porte était déjà ouverte.

Du moment où l'état est explicité (44b), nous pouvons parler d'une transformation aspectuelle et d'une conversion catégorielle. Si au contraire l'état est inféré (44a), la situation maintient son caractère télique et dynamique.[135]

On s'attendrait alors à ce que la transformation aspectuelle (événement télique → état) et la conversion catégorielle (verbe → adjectif) soient réalisables pour tous les événements initialement téliques. Cependant il n'en est rien. Considérons les exemples dans (45-49):

(45) a. L'an dernier, 18 000 Iraniens ont été tués dans ce secteur.

b. #Ils sont (dans l'état) tués.

(46) a. Les quatre jeunes filles ont été violées et étranglées.

b. #Les quatre jeunes filles sont (dans l'état de) violées et étranglées.

(47) a. Une trentaine de villageois ont été brûlés vifs, mitraillés ou achevés au couteau dans la nuit de dimanche à lundi. Leurs maisons ont été pillées.

b. #Une trentaine de villageois sont (dans l'état) brûlés vifs, mitraillés ou achevés au couteau. Leurs maisons sont (dans l'état de) pillées.

(48) a. Mikail Gorbatchev, candidat à l'élection présidentielle russe de juin, a été giflé jeudi à Volgograd (...) par une communiste en colère. Fin avril, M. Gorbatchev avait été frappé par un jeune homme lors d'une réunion électorale à Omsk (Sibérie). (TV 5 Infos, le 9 mai 1996)

b. #Il était (dans l'état) giflé/frappé.

(49) a. De source policière, la R5, garée dans la cour de ferme où Ménigon et Rouillon ont été appréhendés ce week-end, a été aperçue à Lille et à Villeneuve d'Ascq.

b. #La voiture est (dans l'état d') aperçue.

(45a-49a) contiennent un grand nombre de participes passifs verbaux,

---

[135] Selon Schmitt Jensen (1963:76), il s'agit pour de tels exemples d'un *Zustand*. Son analyse est à rejeter pour plusieurs raisons. D'une part, le critère de la transposition active à un temps + composé - critère définitoire de la catégorie - n'est pas applicable à (42-44a), d'où l'incompatibilité avec *déjà*:

Quand les écuelles furent vidées. – /→ On eut vidé les écuelles.

#Quand les écuelles furent déjà vidées.

D'autre part, il ne s'agit pas de l'expression d'un état. L'état déduit de (42-44a) n'est pas explicité, mais inféré.

formés à partir de verbes téliques, qui n'admettent pas aisément la conversion catégorielle. Il s'agit pour une large part d'*achèvements* pour reprendre la terminologie de Vendler qui ont un caractère (quasi-) ponctuel associé à une phase résultative. Vikner (1985:103) caractérise les verbes du type *tuer, brûler (vif), mitrailler, achever (au couteau), étrangler*, etc. comme « anti-statiques ». Il est en effet extrêmement difficile de trouver des exemples attestés où de tels participes passifs verbaux sont adjectivés. (45c) contient par exemple deux occurrences du participe passif verbal *tué*:

(45) c. (Titre) Cisjordanie: un étudiant est tué

Deux inconnus circulant en voiture ont ouvert le feu lundi sur un groupe de personnes qui attendaient à un arrêt de bus en Cisjordanie, près de la colonie juive de Beit El. Un étudiant juif en théologie de 17 ans a été tué et un autre blessé. (TV5 Infos, le 13 mai 1996)

On notera que le journaliste se sert du PR (*est tué*) dans le titre et du PC (*a été tué*) dans le texte pour référer à la même situation. S'agit-il pour autant d'une interprétation statique dans le premier cas? Le français admet en effet très difficilement l'acception statique avec ce type de verbe, ce qui semble également être le cas pour l'anglais:

(45) d. #The minister was (already) killed.[136]

Il en va tout autrement pour le norvégien où de tels emplois sont courants[137]:

(45) e. Ministren er drept/kvalt/skutt/slått ned, etc.

Le critère anti-statique semble ainsi être soumis à une variation « paramétrique ». Toutes les langues en question possèdent cependant des formes adjectivales de sens plus général comme *mort* (F), *dead* (E) et *død* (N). On pourrait difficilement y concevoir une phrase statique, du moins en français, comme résultat de verbes « sémelfactifs » du type (48) ou de verbes de perception du type (49). Dans le deuxième cas, une phrase statique est possible en norvégien. Elle est beaucoup

---

[136] Huddleston (1984:323-4) dit à l'égard de l'exemple *They were killed* que l'interprétation est « unambiguously actional ». « Killing obviously does affect the person or whatever that is killed, but the resulting state is not in general different from that resulting from the more general process of dying, which is denoted by *dead*. » Voir cependant Muller (2000) pour des remarques intéressantes à l'égard du caractère « anti-statique » du participe passif *tué*. Sans nier le caractère déviant de (45b), Muller propose des emplois plus ou moins clairement attributifs comme *Ils sont tous tués*.

[137] Voir pour des remarques similaires, Nedjalkov et Jaxontov (1988:35).

moins naturelle dans le premier cas sans pour autant être entièrement exclue:

(48) c. #?Han er fiket til/slått til.

(49) c. Bilen er sett i Lille og i Villeneuve d'Ascq.

Comme il ressort de la classification de Smith (1991:55-58), les verbes « sémelfactifs » n'ont ni de phase préparatoire ni de phase résultative, ce qui pourrait expliquer l'anomalie de (48b) et (48c). En ce qui concerne les verbes de perception, on les traite souvent comme des achèvements vendleriens: « Many inchoatives are of the Achievement situation type, including those referring to events of perception and cognition, where the Achievement is followed by a state: [see the bird], [know the answer] » (Smith 1991:61)[138]. Il est intéressant de noter que c'est surtout avec les achèvements qu'apparaissent des contrastes frappants entre le français et le norvégien concernant la possibilité d'une construction résultative. Une séquence en français comme (49d) semble en effet impliquer par nécessité une série de situations dynamiques et partant non-statiques. L'expression équivalente en norvégien (49e), dont l'interprétation est clairement distincte de (49c), contiendrait l'auxiliaire *bli*:

(49) d. A 10h, la voiture est aperçue à Lille; à 12h elle est aperçue à Villeneuve d'Ascq.

e. Klokken 10 blir bilen sett i Lille; klokken 12 blir den sett i Villeneuve d'Ascq.

Nous comprenons que le potentiel dérivationnel du type situationnel et la conceptualisation offerte par la langue en question sont décisifs pour la catégorisation statique des structures *être/be/være* + Vtr_{pp}. On peut en conclure que la conversion catégorielle est sévèrement contrainte par la sémantique lexicale et que la généralité de ses applications varie d'une langue à l'autre. Il faut en tous cas que la transformation en un état puisse être considérée comme conceptuellement *stable*. Pour ce qui est du français, les participes passifs verbaux comme *tué*, *giflé*, *frappé* et *aperçu* serviront difficilement à exprimer de tels états. Ainsi, le critère de la télicité, associé aux accomplissements et aux achèvements vendleriens, n'est ni nécessaire ni suffisant pour la con-

---

[138] Smith (1991:61) distingue quatre types de résultat d'un « achèvement »: « affected object (break a cup), constructed object (define a parameter), consumed object (explode a bomb), affected experiencer (see a comet) ». Il s'agit dans (49c) du quatrième sous-type où l'expérienceur « affecté » est implicite.

version catégorielle.

Il reste cependant indéniable que le passif verbal prend pour *input* des types situationnels dynamiques. Aussi peut-on envisager de former une phrase passive verbale à partir d'un événement initialement télique du type (50a), qui pourra être transformé en un procès, pourvu que la situation garde le trait (+ progression):

(50) a. x EXAMINER y
 b. A (l'ordinateur): Quel service demandez-vous?
B (une personne): Retirer de l'argent.
A: Choisissez votre montant.
B: 500FF.
A: Un instant s'il vous plaît, votre demande est <u>examinée</u> ... Votre retrait est accepté.

Bien que le point terminal soit intrinsèquement impliqué dans la signification de base attribuée à (50a) (*x a examiné y en trois minutes*), il reste non-actualisé dans (50b). (50b) exige que le point référentiel par rapport auquel on conceptualise la situation soit localisé à un moment arbitrairement choisi après le point initial et avant le point terminal associé (virtuellement) à la situation (50c) (*votre demande est examinée depuis deux minutes*). C'est pourquoi nous traitons la situation dans (50b), tirée d'un « dialogue » devant un guichet automatique de banque, comme une modification d'un événement télique ayant changé le trait (- cumulatif) en (+ cumulatif), ce qui a pour résultat les traits caractéristiques des procès (+ progression) et (+ cumulatif):

(50) c.

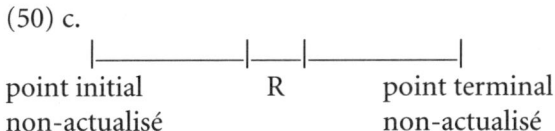

point initial   R   point terminal
non-actualisé   non-actualisé

Le retrait n'est accepté (ou refusé) qu'après l'examen de la demande. Autrement dit, la passivation verbale est directement prévisible à partir de situations ayant le trait (+ progression). Rien ne nous empêche donc de dériver au passif les phrases du type (51)-(57), ayant pour base sémantique des procès, pourvu que l'*input* soit dynamique:

(51) a. Le suspect est actuellement interrogé par la police.
(52) a. L'enfant est poursuivi par un chien.
(53) a. Elle est soignée à l'hôpital.
(54) a. La chanteuse est accompagnée par un pianiste

(55) a. J'ai ... Camille a peur que Laura cherche à la rejoindre. La maison est <u>surveillée</u>. Que faudra-t-il faire s'il arrive jusque-là? (Deforges, 324)

(56) a. Trois hommes soupçonnés de crimes de guerre en Bosnie ont été interpellés lundi en Allemagne et en Autriche. Ils étaient <u>recherchés</u> notamment par le Tribunal pénal international de la Haye et les autorités yougoslaves. (TV5 Infos, le 19 mars 1996)

(57) a. Les otages ont été menacés par les terroristes.

Il semble que les situations dans (51)-(57), tout en étant cumulatives, ne soient pas entièrement « homogènes » dans la mesure où le fait d'interroger quelqu'un, de poursuivre quelqu'un, de soigner quelqu'un, d'accompagner quelqu'un (au piano), de surveiller quelqu'un, de rechercher quelqu'un ou de menacer quelqu'un implique nécessairement un certain dynamisme (+ progression) à l'intérieur de l'intervalle. Il s'agit là bien sûr d'une définition assez abstraite de la situation dynamique et atélique: on ne peut réduire l'intervalle à un seul point temporel et continuer à parler de la même situation. A l'actif ces situations pourraient fournir des réponses à la question « Que fait-il? » (58a) (test de l'agentivité) tout en étant compatibles avec la construction dynamique *être en train de* (58b), alors qu'au passif verbal une question comme « Que s'est-il passé? » (59) serait appropriée[139]. Ces tests sont à considérer comme une indication très nette en faveur du caractère non-statique des prédications: l'agentivité est, comme nous le savons, difficilement compatible avec le trait (- progression):

(58) a. A: Que fait-il?

B: Il interroge le suspect/poursuit l'enfant/soigne la malade/ accompagne la chanteuse/ surveille la maison/recherche les trois

---

[139] Smith (1991) se sert des critères suivants pour illustrer la « syntaxe dynamique », en principe incompatible avec les prédications statiques:
Enchâssement par un verbe du type *forcer à*:
  Elle a incité la police à interroger le suspect/#être blond.
Acceptabilité de la forme impérative:
  Interrogez le suspect!/#Ayez faim!
Compatibilité avec des adverbes de manière:
  La police interroge peu à peu le suspect/#Peu à peu la salle est vide.
Compatibilité avec *être en train de* et le pro-verbe *faire*:
  La police est en train d'interroger le suspect./#Elle est en train d'être heureuse.
  Il interrogeait le suspect et la police faisait de même./#Elle était heureuse et Marie faisait de même.
Voir par exemple Smith (1991:282-3) et Smith (1996).

hommes bosniaques/menace les otages.

   b. Il est en train d'interroger le suspect/poursuivre l'enfant/ soigner le malade/surveiller la maison/rechercher les trois hommes bosniaques/menacer les otages.

(59) A: Que s'est-il passé?

   B: Le suspect a été interrogé par la police/L'enfant a été poursuivi par un chien/Elle a été soignée à l'hôpital/La chanteuse a été accompagnée par un pianiste/La maison a été surveillée par les Allemands/Les trois hommes soupçonnés de crimes de guerre en Bosnie ont été recherchés par la police/Les otages ont été menacés par les terroristes.

Cette contrainte est conforme à (31a) et rend possible la dérivation passive verbale pour (51)-(57). En conséquence, ces situations ne peuvent être évaluées par rapport à un seul point temporel (+ progression) et ne possèdent aucune fin intrinsèque (+ cumulatif). Si l'analyse du caractère non-ambigu des structures à base verbale atélique était correcte, il faudrait alors montrer que la transformation sémantique d'un procès en un état (+ progression) → (- progression), et partant la conversion catégorielle de ces participes passifs, est impossible. Une telle modification situationnelle semble pourtant être attestée par l'interprétation statique d'un certain nombre d'exemples à base verbale atélique. (55b)-(57b) fournissent difficilement des réponses à la question « que s'est-il passé? » dans (59):

   (55) b. La frontière est très surveillée.

   (56) b. Elle est très recherchée.

   (57) b. Cette espèce est très menacée.

Qu'il s'agisse d'un procès (55a)-(57a) ou d'un état (55b)-(57b), R est inclus dans E (R ⊆ E), comme le montre (55c):

   (55) c.   - R -
                 ―――――――

La différence entre les deux types de passifs réside dans le fait que les participes passifs dans (55b)-(57b), contrairement à ceux dans (55a)-(57a), ont subi l'opération d'adjectivisation (55d)-(57c) et qu'ils ont un sens clairement statique (55c). Cela nous permet de distinguer le participe passif verbal du participe passif adjectival:

   (55) d. Une frontière très surveillée.

   e. (- progression), (+ cumulatif)

   (56) c. Une femme très recherchée.

(57) c. Une espèce très menacée.

Rappelons que la possibilité de transformation aspectuelle (procès → état) et de la conversion catégorielle (verbe → adjectif) n'a jamais été approfondie par la littérature linguistique.[140] D'un point de vue théorique, elle est facilement explicable dans notre cadre. Cela dit, on s'aperçoit que de telles opérations sont sévèrement soumises à des contraintes sémantico-lexicales. Ainsi, on a du mal à former des participes adjectivaux à partir de (51a)-(54a), ainsi que l'illustrent (51b)-(54b):

(51) b. #Le suspect est (dans l'état) interrogé par la police.

(52) b. #L'enfant est (dans l'état) poursuivi par un chien.

(53) b. #Elle est (dans l'état) soignée à l'hôpital.

(54) b. #Elle est (dans l'état) accompagnée par un pianiste.

Il faut en effet que la formation d'un état stable soit sémantiquement concevable à partir du procès initial. Sinon la conversion catégorielle tournerait à vide.

Reste alors à prouver – tâche plus difficile – que les corrélations dans (31) sont également valables pour les situations initialement statiques. Dans de tels cas la distinction entre (± progression) semble s'estomper. Si nos hypothèses sont correctes, l'instanciation d'un état proprement dit servira tout simplement à exclure la dérivation par passivation verbale (31b). En même temps, nous savons que le passif adjectival est dérivé à l'aide de la conversion catégorielle à partir du passif verbal qui, par hypothèse, est dynamique (31a). On en vient alors à conclure que la situation intitalement statique doit être transformable en une situation dynamique pour que l'opération de passivation puisse être appliquée. Ce raisonnement entraîne forcément la redéfinition catégorielle de l'état initial dans (58a) en une situation dynamique et télique (58c):

(58) a. x CONNAÎTRE y

(- progression), (+ cumulatif)

b. Une foule de parents affolés se précipita à l'école dès que la

---

[140] On trouve cependant des remarques qui vont dans ce sens. Engwer (1931:44) : « Es sei daran erinnert, dass auch die Partizipien imperfektiver Verben hier und da zu Adjektiven abgeschliffen erscheinen, die uns wenig oder gar nicht mehr die Beziehung zu einem Verb wachrufen. So ist *Un médecin aimé dans tout le quartier* bereits weniger verbal als *aimé de tous ceux qui le connaissent.* » Il ajoute cependant en bas de la même page: « Gänzliche Loslösung vom Verbalbegriff aber wie wir es in den perfektivischen *isolé, désarmé* feststellten ist nicht gut denkbar. »

nouvelle du massacre fut connue.

(+ progression), (- cumulatif)

Le passé simple dit ingressif, en combinaison avec une situation atélique, peut ainsi focaliser la transition en un état, ainsi que l'illustre (58c):

(58) c.

```
    - R -
    |─────────────────────
    E de              état
    transition        inféré
```

Les mêmes effets sont en principe valables pour des états initiaux du type (59a) si les indications contextuelles le permettent:

(59) a. x AIMER y

b. Y fut aimé passionnément par x.

Aimer est généralement catégorisé comme un verbe de sentiment statique. *Passionnément* est un adverbe de manière orienté vers l'agent. Comme la prédication est dynamique, il s'agit d'un passif verbal.

Théoriquement, même la transformation d'un état en un procès devrait être possible. Considérons à cet égard (60a):

(60) a. Dans ce pays, les lois ne sont pas respectées par les citoyens.

(Gaatone 1998:205)

Respecter est généralement considéré comme un verbe de sentiment intrinsèquement statique. Dans l'exemple (60a) il s'agit par contre d'un verbe d'« action » qui signifie « observer ». Il en découle que l'argument externe, supprimé (sur l'axe lexico-syntaxique) par l'opération de passivation, peut être proprement agentif. Le passif adjectival admet difficilement l'agentivité et la prédication est dynamique. Il s'agit donc d'un passif verbal. Un type situationnel initialement atélique peut dès lors être instancié comme un événement télique ou un procès conformémement à (31a).

En conséquence, des participes passifs verbaux comme *connu$_V$*, *aimé$_V$* et *respecté$_V$* peuvent être convertis en des participes adjectivaux (58d)-(60b) si le sens de la prédication est explicitement statique:

(58) d. Il était très connu/Un homme très connu.

(59) c. Il était très aimé/Un homme très aimé.

(60) b. Il était très respecté/Un professeur très respecté.

Nous aurions pour (58d) la représentation dans (58e):

(58) e.   - R -
          _____

Il nous est dès lors possible de lever le paradoxe apparent soulevé par (58-60) à l'égard de (31) et du théorème milnerien. Du même coup, nous surmontons les problèmes posés par l'analyse de Huddleston (1984:443) selon laquelle il y aurait deux dérivations syntaxiques (passif verbal et passif adjetival), *sans* différence de sens, pour des phrases atéliques du type *It was known* et *He was feared*, etc. Bien que (58)-(60) soient formés à partir d'états initiaux, la contextualisation passive verbale suppose la « recatégorisation » situationnelle. En vérité, il ne s'agit plus d'états. Seule la conversion catégorielle nous permet d'attribuer à (58d)-(60b) des propriétés statiques et adjectivales. Le théorème de Milner pourrait ainsi prendre la forme suivante:

(iv) En français, le passif verbal n'est reconnu pour tel que dans les phrases dynamiques.

Gaatone (1998:92ss) présente un grand nombre d'exemples où l'opposition entre (+ progression) et (- progression) est linguistiquement et/ou référentiellement pertinente, mais son approche est très différente de la nôtre. Gaatone s'appuie sur une classification bipartite entre verbes « agentifs ou événementiels » et verbes « statiques ou non-événementiels », classification qu'il rapporte à la passivabilité ou la non-passivabilité des verbes transitifs. Cet auteur peut ainsi noter que des verbes comme *aimer, dégoûter* (verbes de sentiment), *précéder, suivre, entourer* (verbes positionnels) et beaucoup d'autres peuvent avoir d'une part des emplois agentifs et d'autre part des emplois statiques. Selon Gaatone, l'opposition agentivité/stativité ne peut servir à distinguer les verbes passivables des verbes non-passivables: « ceux qui sont plus ou moins régulièrement donnés comme exemples de verbes statifs ou non-événementiels en fonction des tests proposés ne sont, pour la plupart, pas moins passivables que ceux qui sont clairement reconnus comme agentifs ou événementiels » (Gaatone 1998:94). Soit à titre d'exemples[141]:

(61) a. Ce dirigeant a été aimé (de/par) le peuple.
     b. Il est de plus en plus aimé.
(62) a. Le peuple a été dégoûté par ces scandales.
     b. Le peuple est de plus en plus dégoûté.

[141] Ces exemples sont pour une large part empruntés à Gaatone.

(63) a. La conférence a été suivie d'une réception.
　　　b. Chaque chapitre est suivi (d'/par des) exercices.
(64) a. La maison a été entourée par les policiers.
　　　b. La maison est entourée (de/par) un grand jardin.

Rappelons que, selon l'approche de Gaatone, il n'y a aucune ligne dérivationnelle entre les deux types de passifs.

Nous nous démarquons de Gaatone sur plusieurs points. Pour nous, le contraste le plus pertinent n'est pas celui qui oppose les verbes agentifs et les verbes statiques, mais plutôt celui entre prédication dynamique et prédication statique.[142] Comme l'agentivité est souvent associée aux prédications dynamiques, on trouve facilement des exemples du type (64a) qui sont à la fois dynamiques et agentifs. Il ne s'agit pourtant pas d'une corrélation nécessaire: (62a) et (63a) sont à la fois dynamiques et non-agentifs au sens strict du terme. Cela nous permet de regrouper tous les emplois du participe passif verbal *aimé$_V$*, *dégoûté$_V$*, *suivi$_V$* et *entouré$_V$*, que l'argument initialement externe soit agentif ou non-agentif. Ces participes passifs peuvent être convertis en adjectifs si la transformation aspectuelle en un état stable peut être envisagée. Tel est le cas des formes participiales *aimé$_A$*, *dégoûté$_A$*, *suivi$_A$* et *entouré$_A$* dans (61b)-(64b). Aussi notre système prévoit-il que d'autres participes passifs du type (51b)-(54b) ne peuvent subir de conversion catégorielle. Ce critère est en effet généralement applicable à tous les participes passivables. Nous voyons difficilement comment de telles contraintes pourraient être concevables dans le système de Gaatone où les phrases statiques du type *la porte a été longtemps ouverte* sont passives au même titre que les phrases dynamiques du type *la porte a été ouverte par le concierge*.

3.2.4.4 Conséquences théoriques et empiriques

Nous récapitulons ci-dessous un certain nombre de conséquences théoriques et empiriques de la corrélation syntactico-sémantique:
- Pour former une phrase passive verbale, il faut que la syntaxe prenne pour *input* une situation dynamique. On pourra dès lors conclure que l'opération de passivation fonctionne de façon privilégiée à partir de situations intrinsèquement dynamiques.
- L'agentivité proprement dite est essentiellement associée au

---

[142] Nous n'insistons pas sur le fait que la catégorisation situationnelle concerne le verbe dans son environnement actanciel plutôt que le verbe tout seul.

caractère dynamique de la prédication, ce qui explique la restitution aisée de l'argument supprimé au passif verbal.

- La restitution de l'argument supprimé par le processus lexico-syntaxique ne peut que passer par la situation dynamique et la structure argumentale de départ, ce qui explique à la fois sa possibilité de réalisation au passif adjectival et sa fréquence réduite par rapport au passif verbal.

- Comme le participe passif adjectival est le résultat d'une dérivation morphologique à partir du participe passif verbal, il doit être accompagné d'une transformation aspectuelle en un état. Autrement dit, la situation dynamique doit être transformée aspectuellement en un état.

- De par leur nature, les verbes téliques expriment un changement d'état. Il est dès lors naturel de trouver ce type de verbes dans un grand nombre d'exemples obéissant aux critères de la passivation adjectivale.

- La conceptualisation en états stables est soumise à des variations « paramétriques » et relève directement de la sémantique lexicale. Sinon la conversion catégorielle et situationnelle est, en principe, possible pour tous les participes passifs.

- Le processus morphologique de passivation adjectivale est plus marqué et moins productif que la passivation verbale.

- S'il y a peu de verbes statiques au passif, cela s'explique en partie par la nécessité de transformer la situation de départ en une situation dynamique, critère nécessaire à la formation passive verbale, et partant à la conversion catégorielle.

- Le trait (± progression) s'avère cependant parfois difficilement maniable. On comprendra dès lors pourquoi on a parlé, justement pour les verbes atéliques, de *neutralisation* de la distinction entre les deux « valeurs » de la construction passive.

- Les structures *être* + Vtr_{pp} peuvent être virtuellement ambiguës, que la base verbale soit télique ou atélique. La conversion catégorielle, et, partant, le reflet de l'ambiguïté linguistique, est cependant soumise à des restrictions qui dépassent la catégorisation en *aktionsart*. On trouve donc aussi bien des phrases téliques que des phrases atéliques qui sont non-ambiguës dès le niveau linguistique.

- Aussi les structures passives servent-elles d'une façon particulièrement révélatrice à illustrer l'interaction entre les composantes morpho-syntaxique et sémantique.

3.3 Remarques finales

Dans ce chapitre, nous nous sommes servi de modifications entre plusieurs types situationnels pour expliciter l'ambiguïté virtuelle des structures *être* + Vtr_{pp}. Il s'est avéré que l'ambiguïté en question est en principe indépendante de la notion d'*aktionsart*. En associant aux structures deux générations syntaxiques distinctes, nous avons enfin établi des corrélations du type construction passive verbale + situation dynamique et construction passive adjectivale + situation statique. Ce sont justement ces corrélations que nous exploiterons dans ce qui suit. Constatons d'emblée qu'il y a de bonnes raisons de croire que l'opposition ± dynamique, reflétée dans notre système par le trait (± progression), a un fondement cognitif. Des arguments en faveur de cette hypothèse ont été avancés entre autres par Smith (1991, 1996):

 « Children make aspectual distinctions easily, without being taught. It is hard to imagine how they could do this unless the distinctions were perceptually and cognitively based. Perhaps the most basic distinctions is that between states and events that have dynamism: that is, between stative and and nonstative situations. Children acquire very early on the linguistic forms that depend on this distinction. » (Smith 1991:xviii)

Elle s'appuie sur des études effectuées dans le domaine de l'acquisition du langage, études qui montrent clairement que les enfants maîtrisent très tôt la distinction statique/non-statique.[143] A en croire Smith, les êtres humains font *automatiquement* des distinctions de ce type sur la base de leurs facultés perceptives et cognitives.

Il s'agit en effet d'une hypothèse du plus haut intérêt pour la démarche que nous allons suivre au chapitre suivant où nous examinerons justement les mécanismes sous-jacents à la levée des ambiguïtés. Il reste à montrer que le trait (± progression) joue un rôle particulièrement important pour le décodage des structures passives. A cette fin, il faudra élargir notre perspective théorique et développer la composante pragmatique de notre théorie.

---

[143] Ces études portent sur l'acquisition de l'anglais, du turc, de l'italien, du japonais et du polonais.

Chapitre 4
La désambiguation des structures passives

4.1 Introduction

Pour rendre compte des emplois du passif, on peut distinguer un certain nombre de fonctions d'ordre pragmatique – liées à la structuration de l'information – du type « évitement (ou élimination) du premier argument », « topicalisation de l'objet actif » et « focalisation (ou « rhématisation ») du premier argument » (Gaatone 1998:211-47) ou essayer de rapporter la catégorie du passif, « mode de l'impersonnalisation », à une fonction pragmatico-énonciative plus générale comme l'occultation agentive (Brahim 1996). La visée de ce chapitre est à la fois plus restreinte et plus large que celle de Gaatone et de Brahim. Une fois que nous aurons attribué à des constructions apparemment identiques deux structurations syntaxiques et sémantiques clairement distinctes, nous nous limiterons à une question bien précise: comment le récepteur accède-t-il à la « bonne » interprétation dans un contexte spécifique où il aurait en principe un choix à effectuer entre plusieurs options. Il s'agit de savoir comment le sens est construit contextuellement. En même temps nous touchons là, du moins indirectement, au fondement cognitif même de la communication verbale.

Sans, bien sûr, prétendre à l'exhaustivité, nous aborderons cette question dans le cadre d'une théorie cognitive, à savoir la théorie de la Pertinence. Nous présenterons d'abord la théorie et montrerons comment elle nous semble propice à éclairer les points qui nous préoccupent ici. Appliquée à l'élucidation des ambiguïtés propres aux structures passives, la théorie de la Pertinence nous permettra ensuite de surmonter certains des problèmes qui ont été soulevés par les critères traditionnels.

4.2 Désambiguation et pertinence

4.2.1 La théorie de la Pertinence

La théorie de la Pertinence a été élaborée dans les années 1980 par l'anthropologue français Dan Sperber et la linguiste anglaise Deirdre Wilson. Il s'agit d'une théorie pragmatique complète qui combine l'étude de la communication avec celle de la cognition. Cette théorie a en effet inspiré un grand nombre de travaux dans des disciplines scientifiques diverses comme la linguistique, la psychologie, les sciences cognitives, l'antropologie, la théorie littéraire, la traductologie, etc. Ce qui nous intéresse en particulier, ce sont les répercussions de la théorie en linguistique et les esquisses de solution qu'elle propose pour lever des ambiguïtés. Considérons d'abord brièvement le fondement de la théorie.[144]

La théorie de la Pertinence vise à modéliser le fonctionnement du *système central* de la pensée, au sens fodorien du terme, qui prend pour *entrées* des *sorties* de systèmes périphériques tels que les systèmes visuel, auditif et linguistique. Dans l'approche de Fodor (1983:47-101), des transducteurs (*sensory transducers*) transforment des données perceptives en une forme de représentation qui est accessible aux systèmes périphériques (systèmes d'interface) traités comme *modules*. Les modules – caractérisés comme des systèmes spécialisés à travers leur « domain-specificity », le caractère obligatoire de leurs opérations, leur impénétrabilité cognitive ou « encapsulation » informationnelle, leur vitesse, leurs sorties superficielles, leur association à une architecture neuronale fixe, leur présentation de défaillances caractéristiques et leur fonctionnement séquentiel – se distinguent du système central, de par la constitution non-spécialisée de celui-ci. Le système central a accès aux sorties de tous les systèmes périphériques et exploite l'information accessible pour aider l'individu à agir dans le monde. Le système périphérique *linguistique*, couvrant les domaines de la phonologie, de la syntaxe et de la sémantique, est ainsi un module qui fournit des représentations incomplètes susceptibles d'être traitées par le système central de la pensée.[145] Cette thèse

---

[144] Nous ne pouvons pas traiter tous les ouvrages qui ont conditionné le développement des différents aspects de la théorie de la Pertinence. Nous nous appuierons entre autres sur les travaux suivants: Fodor (1983/1986), Carston (1988a./b., 1996), Kempson (1986, 1988a/b), Moeschler et Reboul (1994), Wilson et Sperber (1986a/b, 1988, 1990, 1993), Sperber et Wilson (1989/1995).

[145] Voir ci-dessous pour des précisions. De cette version modulariste du processus interprétatif on peut déduire que la pragmatique ne fait pas partie de la linguistique. Cette vue est explicitée entre autres dans Wilson et Sperber (1986a):

« Grammar and pragmatics are alike in two respects: they fall within the domain of cognitive psychology, and they have to do with language. Apart from that, we will argue, they have virtually nothing in common. Grammar is a special-purpose modular system; pragmatics is not a cognitive system at all. There are no special-purpose pragmatic principles, maxims, strategies or rules; pragmatics is simply the

modulariste, compatible avec les dogmes générativistes et chomskyens, constitue la base du développement de la théorie de Sperber et Wilson. Elle sert à localiser le rôle de la pertinence dans la cognition et la communication. Plus particulièrement, ce sont des considérations de pertinence qui guident l'interaction humaine et la communication verbale. La pertinence est une propriété de processus cognitifs qui se reflète dans *deux* principes de pertinence. Le premier principe, appelé principe cognitif de pertinence, est formulé dans (i):

(i) « Human cognition tends to be geared to the maximisation of relevance. » (Sperber et Wilson 1995:260)

La cognition, traitée comme un mécanisme biologique, tend à maximiser la pertinence selon deux paramètres: *coûts* et *bénéfices*. La pertinence se caractérise ainsi comme une fonction du type (ii) qui reflète une sorte de *rendement* dans le système cognitif:

(ii) Pertinence: bénéfices/coûts

La pertinence dans la communication, définie cette fois comme un concept comparatif qui rapporte les effets contextuels d'une hypothèse à l'effort de son traitement, peut alors être conçue comme une conséquence du premier principe de pertinence. Moins l'effort de traitement est élevé, plus la pertinence est grande. Plus les effets contextuels sont importants, plus la pertinence est grande. Et Sperber et Wilson (1995:260) de formuler le deuxième principe communicatif de pertinence:

(iii) « Every act of ostensive communication communicates a presumption of its own optimal relevance. » (Sperber et Wilson 1995: 260)

La présomption de la pertinence optimale, précisée dans (iv a-b), a été développée pour rendre compte de la déduction effectuée par le récepteur qui décode l'intention du locuteur. Autrement dit, il s'agit d'un principe qui guide les processus pragmatiques inférentiels dans le système central:

(iv) a. « The ostensive stimulus is relevant enough for it to be worth the addressee's effort to process it. »
b. « The ostensive stimulus is the most relevant one compatible with the communicators's abilities and preferences. » (Sperber et Wilson 1995:270)

domain in which grammar, logic and memory interact. » (Wilson et Sperber 1986a:67)

4.2.2 Considérations sur la pertinence
Pour évaluer le degré de pertinence, il faut – on l'aura noté – tenir compte de la notion de *contexte*. Les énoncés, donnant lieu à des hypothèses dans le dispositif déductif du récepteur, sont interprétés, dans la phase pragmatique de la compréhension, par rapport à un contexte. Il est important de noter que le contexte, dans les approches cognitives de ce type, n'est pas construit *avant* l'interprétation de l'énoncé, mais *pendant* le processus même. On parle à cet égard d'une conception « dynamique » plutôt que « statique » du contexte[146], et ce sont justement des considérations de pertinence qui déterminent le choix du contexte. Ainsi, la pertinence n'est pas l'objectif de la communication. Elle représente par contre un *moyen* d'arriver à la bonne interprétation. La pertinence est considérée comme donnée. Le contexte en revanche est traité comme une variable (cf. Sperber et Wilson 1995:260). On dira que le contexte constitue un sous-ensemble d'hypothèses antérieures par rapport auquel une hypothèse peut être testée. Ce sont finalement les effets contextuels qu'on peut déduire de la contextualisation d'une hypothèse qui déterminent le degré de pertinence, pourvu que l'effort de traitement soit économique. Les auteurs parlent de trois types d'effets contextuels: le calcul d'implications contextuelles (la conjonction d'anciennes et de nouvelles informations donne des conclusions qui ne peuvent être déduites des seules prémisses), le renforcement et l'affaiblissement d'hypothèses anciennes. Il faut donc chercher à créer des contextes qui à la fois maximalisent les effets contextuels et minimalisent l'effort de traitement. Un tel contexte est dit *accessible*. L'accessibilité d'un contexte dépend d'une part de l'environnement cognitif de l'interlocuteur – composé d'informations de la mémoire à court terme (qui inclut l'interprétation de phrases antérieures), de la mémoire (encyclopédique) à long terme, et de l'environnement physique – et d'autre part de la sortie du module linguistique.

La théorie de la Pertinence analyse, nous l'avons déjà vu, le module linguistique comme un système dont l'étroite spécialisation opère indépendamment des processus pragmatiques du système central. Le système linguistique périphérique produit des codages et des décodages automatiques sous forme de structures linguistiques appelées

---

[146] Voir à cet égard Kleiber (1994).

formes logiques.¹⁴⁷ La forme logique est une formule admise par la grammaire, « un ensemble structuré de constituants auquel on peut appliquer, en vertu de sa structure, des opérations logiques formelles » (1995:72). Si l'on prend pour point de départ un énoncé du type (1a), on arrive à la forme logique (1c) correspondant à la structure syntaxique (1b) (1995:205-6):

(1) a. John invited Lucy.

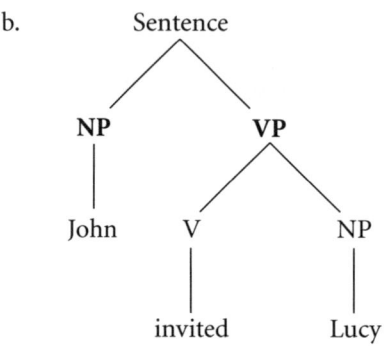

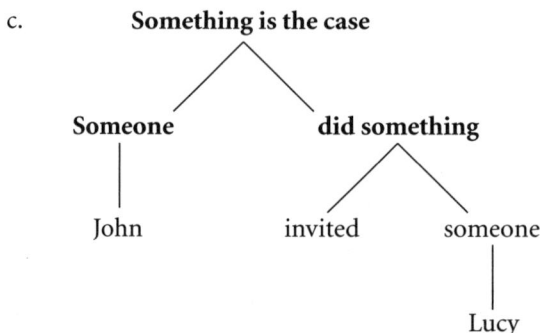

---

¹⁴⁷ Malgré les ressemblances méthodologiques entre la théorie de la Pertinence et la théorie générative chomskyenne, les définitions de la notion de *forme logique* ne sont pas équivalentes. Voir pour des précisions, Kempson (1988a:19-20).

Aux catégories syntaxiques dans (1b) *S(entence), NP, VP, V*, etc. correspondent des catégories logiques dans (1c) *quelque chose se produit; quelqu'un; fait quelque chose*, etc. [148] L'essentiel est que la syntaxe de la langue en question, que ce soit celle de l'anglais ou celle du français, génère des structures syntaxiques auxquelles on peut associer des structures logiques (ou sémantiques)[149]. Les structures logiques sont en vérité des représentations conceptuelles incomplètes. (1b) et (1c) seraient ainsi le résultat du travail effectué par le système linguistique et servirait d'entrée au processus de compréhension. Pour attribuer à une phrase du type (1a) une valeur de vérité, il faut *enrichir* la forme logique pour créer une proposition complète au niveau pragmatique. C'est ce que la théorie de la Pertinence définit comme *forme propositionnelle* où les expressions référentielles sont saturées comme dans (1d):

(1) d. L'individu identifiable nommé John a invité à un temps t, spécifique et antérieur au moment de la parole t_o, l'individu identifiable nommé Lucy à un endroit s identifiable, etc.

On comprendra dès lors que la levée de l'ambiguïté tout comme l'assignation référentielle, sont des processus indispensables pour passer de la forme logique (incomplète) à la forme propositionnelle (complète). La théorie de la Pertinence postule que le module linguistique, pour une phrase jugée ambiguë, produit automatiquement un ensemble de formes logiques servant d'hypothèses pour le système central. L'ensemble des hypothèses sera ensuite évalué par le système central sur la base de considérations de pertinence. Ce procédé, on le notera, est conforme à la thèse fodorienne selon laquelle les systèmes périphériques, en l'occurrence le module linguistique, fonctionnent indépendamment du système central.

Il s'ensuit que la grammaire contribue à l'interprétation de l'énoncé

---

[148] Pour des raisons de simplicité, nous choisissons généralement une autre forme de représentation. (i) équivaut ainsi à (1b) et (ii) à (1c):
   (i) $[_S [_{NP} \text{John}] [_{VP} [_V \text{invited}] [_{NP} \text{Lucy}]]]$
   (ii) $[_{\text{something is the case}} [\text{someone}] [[\text{invited}] [\text{someone}]]]$

[149] Même si la théorie de la Pertinence a été développée pour rendre compte du fonctionnement du système central, et, partant, de la phase pragmatique du processus interprétatif, elle présuppose l'élaboration d'une composante syntaxique et d'une composante sémantique dans le module linguistique. Nous reviendrons sur l'explicitation des différents niveaux ci-dessous.

en générant des structures syntaxiques corrélées à des structures sémantiques que le récepteur doit compléter pour former des propositions susceptibles de recevoir une valeur de vérité. Autrement dit, la grammaire sous-détermine de façon cruciale la forme propositionnelle.[150] Le système central du dispositif déductif possède une capacité inférentielle qui lui permet d'identifier la forme propositionnelle visée par le locuteur. C'est justement le principe de pertinence qui guide les processus dans le système central. Sont pertinentes les formes propositionnelles qui maximalisent les effets contextuels tout en minimisant l'effort de traitement. Plus le contexte est accessible, plus la forme propositionnelle est pertinente. Si le récepteur a le choix entre plusieurs sorties (= formes logiques) du module linguistique, ce qui semble être le cas pour des phrases linguistiquement ambiguës, il retient l'interprétation qui optimalise la pertinence. On dit généralement que la *première* interprétation qui est cohérente avec le principe de pertinence est la *seule* interprétation cohérente avec le principe de pertinence.

4.2.3 Conséquences théoriques
Il est certain que les propositions de la théorie de la Pertinence bouleversent profondément le paysage linguistique: le codage et le décodage linguistiques ne représentent que des étapes dans le processus de compréhension qui se combinent avec une capacité inférentielle centrale dans la phase pragmatique (non-linguistique); la prolifération de principes et de maximes dans la tradition de Grice est réduite à un seul principe (de pertinence); l'assignation de valeurs de vérité (vraie/fausse) qui constitue l'objectif même de la sémantique formelle ne fait plus du tout partie du travail linguistique – elle présuppose des processus pragmatiques (non-linguistiques); la pragmatique ne s'occupera plus de règles d'usage mais plutôt du fondement cognitif de la communication verbale, etc. Il va de soi que l'évaluation de toutes ces implications, aussi bien pour la linguistique que pour la cognition au sens large, dépasse de loin les limites que nous nous sommes fixées ici. On notera tout de même que la théorie de la Pertinence reste controversée sur certains points. L'« encapsulation » informationnelle (ou l'impénétrabilité cognitive) du module

---

[150] Voir pour une explicitation de cette position les travaux de Kempson (1986, 1988a/b).

linguistique, préconisée par Fodor et adoptée par Sperber et Wilson, en est un exemple particulièrement important pour le processus de désambiguation. Rappelons que le système central n'a pas accès aux « computations » linguistiques ou aux processus effectués « à l'intérieur » des systèmes périphériques. Comme le module linguistique est cognitivement impénétrable (cf. la thèse modulariste), il semble inévitable qu'il produise automatiquement, pour une phrase reconnue comme ambiguë, deux analyses linguistiques qui seront ensuite soumises aux choix postperceptuels guidés par le principe de pertinence. Cependant, tout porte à croire que la relation entre le système linguistique périphérique et le système central est d'une nature plus complexe. La démonstration dans Carston (1988a) montre par exemple que l'hypothèse radicalement non-interactive doit être rejetée en faveur d'une version interactive[151]. Carston (1988a: 52) opte pour l'interaction *faible* opposée à l'interaction *forte*:

> « On the weak view syntactic processing independently sets up the alternatives which semantics and context choose amongst; on the strong view semantics and context are predictive, that is, they influence which linguistic entities are accessed in the first place. » (Carston 1988a:52)

Appliquée à la levée des ambiguïtés, l'interaction faible incite le module linguistique à fournir pour l'expression ambiguë, automatiquement et *parallèlement*, un ensemble de structures logiques soumises au choix du système central. Qu'une seule interprétation soit visée relève du nombre d'effets cognitifs élaborés dans le contexte le

---

[151] Carston (1988a:48-57) essaie de concilier l'impénétrabilité cognitive du module linguistique et la nature « online » des processus de la compréhension verbale:
> « I don't think anyone would now want to dispute the online nature of processing: a speech signal is extended in time over periods ranging from a few hundred milliseconds to several seconds, and, as speech shadowing has shown, a hearer is able to perceive and reproduce a signal with only a 250-msec delay (between onset of the word heard and onset of the word uttered). Every word has phonetic, syntactic, and semantic properties and the experiments cited indicate unequivocally that hearers begin their analysis at each of these levels as soon as they can. The old idea that all syntactic work on a clause was executed before any semantic processing began (a radically noninteractionist account) was a relic of a misplaced attachment to the idea of directly incorporating linguistic competence levels of representation into a performance model, ignoring the facts of real-time processing.... » (Carston 1988a:51)

Soulignons que l'interaction, selon la thèse fodorienne, n'est permise qu'à l'intérieur du module linguistique entre les niveaux phonologiques, syntaxiques et sémantiques.

plus facilement accessible, travail guidé, bien sûr, par le principe de pertinence. Nous discuterons dans la section suivante la désambiguation des structures passives par rapport à la question de modularité et à la nature du processus interprétatif.

4.2.4 Construction du sens

Comme nous l'avons vu ci-dessus, le système périphérique linguistique effectue des opérations automatiques à partir des données perceptives que transforment les transducteurs. Conformément aux principes esquissés aux chapitres précédents, nous partons d'une théorie grammaticale où la génération syntaxique s'établit à partir d'entrées spécifiées dans le lexique et forme l'*input* de l'élaboration sémantique et phonologique (niveaux d'interface). Si l'on fait abstraction de la composante phonologique, le travail strictement linguistique implique à la fois le décodage syntaxique et la construction d'une forme logique corrrespondante. Supposons que la syntaxe passive verbale prenne pour input un type situationnel dynamique (+ progression), (- cumulatif) du type (2a). Sur la base du processus morphologique de passivation verbale, on aboutit à l'entrée lexicale (2b), ce qui nous permet d'attribuer à une phrase passive comme (2c) l'analyse syntaxique (2d). L'argument interne du verbe passif *le lieutenant* occupe la position objet avant d'être déplacé vers la position sujet. C'est désormais la chaîne *le lieutenant$_i$ ... t$_i$* qui reçoit le rôle thématique patient:

(2) a. x TUER y
    b. tué, V: 2
    c. Le lieutenant fut tué.
    d. [$_{SN}$ Le lieutenant$_i$] fut [$_{SV}$ tué t$_i$ ([$_{SP}$ par x])]

On notera que la sémantique joue un rôle important dès le premier niveau de la dérivation dans la mesure où elle contraint les opérations syntaxiques à travers le lexique (2a-b). En même temps elle assigne aux résultats syntaxiques dérivationnels une structuration conceptuelle: à la structure syntaxique dans (2d) il faut associer une forme logique. Il s'ensuit que la sémantique intervient aussi bien dans la phase pré-syntaxique (sémantique lexicale) que dans la phase post-syntaxique (sémantique phrastique). Notre démarche a montré qu'il existe une corrélation entre la syntaxe passive verbale et le décodage dynamique. Le caractère dynamique de la phrase doit ainsi se refléter dans la structuration logico-sémantique, comme le montre la forme logique simplifiée dans (2e):

(2) e. [DYN (+ progression), (- cumulatif) L'individu x qui satisfait aux conditions indiquées par la description définie *le lieutenant* fut tué à un temps *t* du passé (par y)]

Il s'agit d'une représentation incomplète qui encode (une partie) des propriétés strictement sémantiques de la phrase. DYN exige tout simplement que la catégorisation situationnelle contienne le trait (+ progression). Le SNsujet *le lieutenant* sert fondamentalement à restreindre le choix des référents – il reste à trouver un individu spécifique qui porte les traits caractéristiques d'un lieutenant – alors que l'argument externe de la base verbale est supprimé au niveau lexico-syntaxique tout en étant conceptuellement « actif ». La forme tensée au passé simple (PS) donne l'instruction de localiser le temps situationnel associé à [x ETRE tué (par y)] dans le passé par rapport au point de calcul (P > E).[152]

Pour créer une forme propositionnelle (interprétation complète), susceptible d'être vraie ou fausse, il faut enrichir la forme logique, processus pragmatique (inférentiel et non-linguistique) relevant du système central. Le référent de l'expression nominale doit être récupérable dans l'environnement cognitif mutuel des interlocuteurs tout comme les co-ordonnées spatio-temporelles. La localisation temporelle (= la période référentielle) doit être fixée de façon déterminée dans le passé et l'interprétation dynamique déclenchée par la syntaxe passive verbale doit être pragmatiquement appropriée. C'est le principe de pertinence qui guide le travail dans le système central. Si le nombre d'effets contextuels est équilibré par un coût de traitement réduit, l'interprétation est cohérente avec le principe de pertinence. Muni d'un tel appareil théorique, nous pouvons traiter des exemples authentiques comme (2f):

(2) f. Après une courte fusillade, les soldats durent se rendre. Le lieutenant et deux de ses hommes furent tués. (Deforges, 225)

---

[152] Conformément à la théorie reichenbachienne modifiée que nous avons proposée dans Helland (1994, 1995), la forme tensée, en l'occurrence le PS, établit sémantiquement la relation entre deux variables: le point de calcul (P_i) et le temps situationnel (ou événementiel) (E). Si la forme est morpho-syntaxiquement et sémantiquement simple, il suffit de déterminer l'orientation de la relation. Pour le passé simple E est antérieur à P (P > E), pour le présent P coïncide avec E (P O(verlap) E) et pour le futur simple E est postérieur à P (P < E). Voir Helland (1994, 1995) pour des précisions supplémentaires.

Pourvu que le dispositif interprétatif permette d'établir des liens entre des phrases dans un contexte donné, le récepteur peut déduire l'interprétation visée selon laquelle le lieutenant et deux de ses hommes, faisant partie des soldats qui durent se rendre après une fusillade bien précise, furent tués par quelqu'un d'identifiable par un contexte plus large, en l'occurrence les Allemands.

Si toutes les structures passives étaient virtuellement ambiguës, on pourrait croire que (2f) accepte, du moins théoriquement, une interprétation statique et un décodage linguistique comme (2g-i) où *tué* est généré comme adjectif dans le lexique et inséré dans la position tête du SA dans la structure syntaxique:

(2) g. # tué, A: 1

h. # [$_{SN}$ Le lieutenant] [$_{SV}$ fut [$_{SA}$ tué]]

i. # [$_{STAT\ (-\ progression),\ (+\ cumulatif)}$ L'individu x qui satisfait aux conditions indiquées par la description définie *le lieutenant* fut dans l'état tué]

Mais tel n'est pas le cas, vu la combinaison entre un verbe typiquement événementiel (*tuer*) et le PS. Pour former une phrase passive adjectivale, il faut que l'événement initialement télique puisse être transformé en un état. Cette transformation étant sémantiquement inconcevable, la dérivation lexico-syntaxique et l'élaboration de la forme logique dans (2g-i) sont bloquées dès le départ. Le seul décodage possible est celui qui focalise la transition (télique) entre deux états complémentaires (syntaxe passive verbale + forme logique dynamique), d'où l'inacceptabilité de (2g-i). Certains linguistes vont jusqu'à dire – nous l'avons montré au chapitre 3 – que l'interprétation statique est exclue pour des constructions prédicatives formées à partir de verbes (dits « anti-statiques ») comme *tuer*.[153] Quoi qu'il en soit,

---

[153] Vikner (1985:103) parle de verbes dits « anti-statiques » du type *abattre, assassiner, décapiter, égorger, exécuter, fusiller, guillotiner, pendre* et *tuer*, « c'est-à-dire des verbes d'événement dont le participe passé ne peut être employé dans une construction prédicative décrivant un état. » Et Vikner de citer l'exemple suivant:

*Napoléon faisait le bilan de la bataille: deux mille soldats français étaient tués.

On peut émettre des réserves quant au jugement de Vikner. Claude Muller (communication personnelle) considère cet exemple comme tout à fait acceptable. Idem pour *Ils sont fusillés* qui peut répondre à une question comme *Que sont devenus les otages?* L'essentiel pour ces verbes est qu'ils ne créent pas d'états stables à longue durée. Selon Muller, le passif adjectival n'est possible que comme la description d'un état « proche du moment où l'action a eu lieu »:

Les victimes ont été retrouvées égorgées.

Le passif périphrastique

il semble indiscutable que le double décodage linguistique ne peut être automatiquement effectué pour les structures *être* + Vtr_{pp}.

Passons maintenant à l'interprétation (au sens large) d'un exemple du type (3c) qui a été formé à partir d'un verbe initialement télique (3a) (+ progression), (- cumulatif). Conformément à la transformation aspectuelle (événement télique → état), le module linguistique peut, sur la base de l'entrée lexicale (3b), assigner à (3c) la structure syntaxique (3d) et, partant, la forme logique (3e). La forme participiale adjectivale est de nature inergative: elle prend pour seul argument un argument interne lexicalement externalisé:

(3) a. x FERMER y
 b. fermé, A: <u>1</u>
 c. Les pâtisseries seront fermées.
 d. [$_{SN}$ Les pâtisseries] [$_{SV}$ seront [$_{SA}$ fermées]]
 e. [$_{STAT\ (-\ progression),\ (+\ cumulatif)}$ Les individus x qui satisfont aux conditions indiquées par la description définie *les pâtisseries* seront dans l'état fermé(e)s]

A la structuration syntaxique dans (3d) correspond cette fois une structuration sémantique qui reflète les propriétés statiques de la prédication. Le décodage linguistique nous incite à chercher les référents du SNsujet dans la classe de pâtisseries. La forme tensée au futur (FUT) donne pour instruction de localiser la situation [x ETRE fermé] dans la postériorité par rapport au point de calcul (P < E). Sur la base du processus d'enrichissement, la forme logique peut être développée en une forme propositionnelle à laquelle on peut assigner une valeur de vérité. Appliqué à un contexte comme (3f), ce modèle force le récepteur à saturer les variables (assignation référentielle, levée des ambiguïtés, localisation spatio-temporelle, etc.) pour qu'il puisse déterminer la pertinence:

(3) f. Aujourd'hui, c'est un jour avec gâteaux, mais sans viande. Demain les pâtisseries seront <u>fermées</u> et les boucheries ouvertes.
(Deforges, 87)

Il ressort des spécifications contextuelles que les pâtisseries dont il est question sont dans l'état *ouvert* au jour de l'énonciation, mais plutôt dans l'état *fermé* le lendemain, alors que c'est l'inverse pour les boucheries. Notons que pour (3f), contrairement à (2f), une autre

---

A l'heure qu'il est, il est sûrement guillotiné.
(exemples de Claude Muller)

interprétation est théoriquement envisageable à partir de la forme linguistique, illustrée dans (3g-i):

(3) g. fermé, V: 2

h. [$_{SN}$ Les pâtisseries$_i$] seront [$_{SV}$ fermées t$_i$ ([$_{SP}$ par x])]

i. [$_{DYN\ (+\ progression),\ (-\ cumulatif)}$ Les individus x qui satisfont aux conditions indiquées par la description définie *les pâtisseries* seront fermé(e)s à un temps *t* de l'avenir (par y)]

Si le système central n'avait accès qu'aux sorties des modules périphériques, le module linguistique (recouvrant les domaines de la phonologie, de la syntaxe et de la sémantique) produirait pour chaque phrase virtuellement ambiguë, automatiquement et parallèlement, deux analyses linguistiques soumises au choix postperceptuel. Une telle hypothèse serait conforme, semble-t-il, à la « vision hiérarchisée » et temporelle du processus interprétatif qu'on retrouve à la fois chez Fodor et chez Sperber et Wilson.[154] Pour interpréter un exemple du type (3f), il faudrait donc que le système linguistique produise *effectivement* les décodages dans (3b-e) et (3g-i) avant que la bonne interprétation (cohérente avec le principe de pertinence) ne soit choisie (postperceptuellement) par le système central. Plus précisement, le décodage linguistique dans (3g-i) déclencherait une interprétation dynamique qui focaliserait la transition en un état. Une telle interprétation semble cependant être pragmatiquement exclue pour la contextualisation dans (3f). Vu nos connaissances sur le monde, il n'est pas pragmatiquement naturel de spécifier que l'événement télique de fermer les pâtisseries (transition en un état) aura lieu. Si c'était l'interprétation visée, le locuteur demanderait tout simplement trop d'effort au récepteur. Donc la seule interprétation pour (3f) cohérente avec le principe de pertinence est celle qui est issue de (3b-e).

Comparons (3c) avec (4c) où le décodage linguistique pourrait avoir pour résultat (4a-b) et (4d-e).) Il s'agit d'un verbe de « composition » dans son sens agentif et dynamique:

(4) a. x FORMER y

(+ progression), (- cumulatif)

---

[154] Il va sans dire que la thèse fodorienne de l'impénétrabilité cognitive des modules est également compatible avec des modèles sériels (*serial models*) dans lesquels les niveaux interprétatifs ne sont atteints qu'après que le décodage syntaxique a été terminé.

Le passif périphrastique

b. formé, V: 2
c. Une commision sera formée.
d. [$_{SN}$ Une commision$_i$] sera [$_{SV}$ formée t$_i$ ([$_{SP}$ par x])]
e. [$_{DYN\ (+\ progression),\ (-\ cumulatif)}$ L'individu x qui satisfait aux conditions indiquées par la description indéfinie *une commision* sera formée à un temps *t* de l'avenir (par y)]

Un tel décodage est validé par la contextualisation dans (4f):

(4) f. Le président français Jacques Chirac a parlé lundi soir lors d'une allocution radiotélévisée de la nécessité d'une vaste réforme de la justice. « Menacée d'asphyxie, la justice est trop lente, parfois trop chère et, en définitive, peu compréhensible », a-t-il déclaré. Une commission sera <u>formée</u>. Elle devra conduire une réflexion et faire des propositions au gouvernement d'ici au 15 juillet prochain. (TV5, le 20 janvier 1997)

Sur la base des premières phrases de ce texte, le récepteur aura construit un contexte qui contient un certain nombre de remarques négatives sur le système judiciaire français tel que le voit le président de la République au moment de l'énonciation (le 20 janvier 1997). Bien que deux décodages linguistiques soient théoriquement possibles pour la phrase en question, les spécifications contextuelles privilégient clairement l'interprétation dynamique et agentive de la phrase passive. Comme c'est la seule interprétation qui soit cohérente avec le principe de pertinence, elle sera retenue par la suite.

On notera qu'une telle approche s'appuie sur le nombre d'effets contextuels tout en présupposant un degré minimum d'effort de traitement. Mais ici il y a apparemment un paradoxe. La théorie de la Pertinence vise à la désambiguation rapide et correcte pour épargner au récepteur des efforts trop coûteux. La construction de deux analyses linguistiques entraînerait nécessairement l'élaboration de deux formes logiques. Si le module linguistique était entièrement insensible aux facteurs contextuels, il faudrait enrichir les deux formes logiques afin de pouvoir tester (comparer) le degré du potentiel d'intégration contextuelle parmi les candidats possibles. Il y aurait également un risque de *surgénération*. Certes, deux analyses linguistiques ne sont pas possibles pour toutes les structures en question (2a-i). Mais même pour les phrases virtuellement ambiguës on voit difficilement comment le module linguistique à lui seul et indépendamment de toute intervention d'informations non-linguistiques, pourrait inhiber des décodages inutiles. Certaines interprétations sont (beaucoup) plus naturelles que d'autres et l'ordre des interprétations choisies n'est pas arbitraire (3a-i). Il faut donc prévoir des interactions, sous une forme ou une autre, entre le module linguistique et le système central. Nous verrons en effet que cette hypothèse n'est pas incompatible avec les propositions de Sperber et Wilson.

4.2.5 La levée des ambiguïtés
Sperber et Wilson (1995:205) se servent de processus du type « top-down » pour accéder à la bonne interprétation: le récepteur construit des hypothèses logiques anticipant sur la structure globale de l'énoncé corrélées à des hypothèses syntaxiques anticipatives. Le système central peut ainsi intervenir au fur et à mesure que le décodage linguistique se fait sans pour autant que les composantes linguistiques (syntaxique, sémantique, phonologique) et la composante pragmatique soient moins autonomes. L'exemple choisi par Sperber et Wilson (1995:205ss) pour illustrer cette démarche est repris dans (1a):

(1) a. John invited Lucy.

En entendant le mot *John*, le récepteur le catégorise comme un SN_{sujet} tout en cherchant des référents possibles satisfaisant aux conditions spécifiées par le nom propre (+ humain du genre masculin, etc.). Le récepteur fait ensuite, sur la base de connaissances linguistiques, l'hypothèse syntaxique anticipative que le SN_{sujet} est suivi d'un SV. A cette hypothèse syntaxique il faut associer une hypothèse logico-sémantique du type (1b) qui permet au dispositif interprétatif d'activer des contextes accessibles où le fait que le référent assigné au SN (= l'individu nommé John) fait quelque chose représente une information pertinente:

(1) b. Someone did something.

Sur la base de la forme tensée au passé, le récepteur fait l'hypothèse que le verbe transitif *invited*, tête lexicale du SV, sera suivi d'un SNobjet auquel on peut associer une variable sélectionnée comme + humain (*someone*), hypothèse confirmée par le SN *Lucy* (+ humain du genre féminin), etc. Il s'ensuit que la pertinence peut être déterminée sur la base d'hypothèses anticipatives construites au cours du traitement, ce qui donne au processus interprétatif un caractère nettement dynamique et interactif. En vue de réduire les efforts de traitement, le récepteur cherche à restreindre le plus tôt possible l'indétermination référentielle et les choix potentiels du décodage. Adoptant la terminologie de Fuchs (1996:54), on pourrait dire que le contexte antérieur est

« inducteur » et qu'il « pré-oriente » le décodage de la phrase.

Considérons alors les conséquences de ces hypothèses pour la désambiguation des structures passives. Nous avons vu que les critères traditionnellement appliqués pour lever l'ambiguïté s'avèrent insuffisants: l'ambiguïté de la structure n'est pas réservée au couple PS/IMP (critère temporel-aspectuel), la distinction *time-tense* n'a rien de décisif, pas plus que la place des adverbiaux temporels; l'interprétation dynamique n'est pas automatiquement déclenchée par l'adjonction d'un SP en *par* et, plus généralement, la transposition passive/active n'a ni de fondement théorique ni de fondement empirique. Plus généralement, les approches antérieures ne montrent pas comment les facteurs linguistiques jouent ensemble pour imposer une interprétation particulière. Une analyse linguistico-pragmatique fondée sur la formation et la confirmation d'hypothèses servira à résoudre ces problèmes.

Si l'on remonte dans le temps, au 27 décembre 1994, le lecteur du *Figaro* trouvera l'énoncé (5a) dans un article portant sur un acte de terrorisme à l'aéroport de Marignane dans le sud de la France. Le lecteur (= le récepteur) aura, sur la base des informations fournies par les énoncés précédents, construit un contexte qui contient, entre autres, l'énumération séquentielle des événements du drame jusqu'à 5 heures:

(5) a. (Le film d'une journée tragique...... 5 heures:) L'aéroport de Marignane est fermé au trafic aérien.

Nous savons très bien maintenant que le récepteur compétent est capable d'assigner à une phrase comme (5a) deux structurations linguistiques correspondant à un décodage dynamique et à un décodage statique. Tel est effectivement le point de départ du processus interprétatif reconstruit par la thèse radicalement non-interactive. Mais, il nous semble que les deux analyses linguistiques, quoique théoriquement disponibles, ne sont pas forcément actives au même degré. Supposons que notre lecteur ait fixé, du moins provisoirement, un référent du SNsujet et du concept logico-sémantique associé à l'expression définie *l'aéroport de Marignane*. Il sait qu'un SNsujet est normalement suivi par un SV et que la description du SV portera sur le référent du SNsujet. Quand il entend le mot *est*, il le catégorise comme verbe tout en sachant que ce verbe, en combinaison avec le SNsujet, peut appartenir aussi bien à une construction passive verbale (*est* = verbe auxiliaire) qu'à une construction passive adjectivale (*est* = verbe copule). C'est la suite de l'énoncé qui est décisive pour l'orientation du décodage. Si le verbe était suivi d'un SN ou d'un SP, il ne pourrait s'agir que d'une construction attributive. Le mot suivant, en l'occurrence *fermé*, est par contre un participe passé passif où les deux générations syntaxiques et formes logiques sont théoriquement possibles. Dans la mesure où le contexte déjà accessible au récepteur contient une énumération d'événements précédant la fermeture de l'aéroport, *fermé* sera catégorisé de préférence comme verbe dans une dérivation passive verbale. Combiné avec le SP *au trafic aérien*, le verbe tête *fermé*, précédé de l'auxiliaire au présent historique (P O E), permet au récepteur de supposer que l'aéroport de Marignane est (en train d'être) fermé par quelqu'un (dont la référence reste non-spécifiée) le 26 décembre 1994 à 5 heures du matin. Une telle analyse induit que l'aéroport en question était ouvert au trafic aérien avant cette heure. Le contexte privilégie par conséquent une interprétation dynamique, formée à partir d'un verbe initialement télique (+ progression), (- cumulatif), et un décodage linguistique comme (5b-f):

(5)   b. x FERMER y
      c. fermé, V: 2
        d. [$_{SN}$ L'aéroport de Marignane$_i$] est [$_{SV}$ fermé t$_i$] [$_{SP}$ au trafic aérien] ([$_{SP}$ par x])]
        e. [$_{DYN\ (+\ progression),\ (-\ cumulatif)}$ L'individu x qui satisfait aux conditions indiquées par la description définie *l'aéroport de Marignane* est fermé au trafic aérien (par y) à un temps *t* du passé.]

La forme logique (5e) est ensuite développée en une forme propositionnelle. Comme cette interprétation est cohérente avec le principe de pertinence, elle sera retenue par la suite. Elle est également confirmée rétroactivement par les énoncés suivants, ainsi que l'illustre (5f):

(5)   f. Le film d'une journée tragique ... 5 heures: l'aéroport de Marignane est fermé au trafic aérien et tous les vols sont annulés jusqu'à nouvel ordre. 5h25: le commando islamiste exige le ravitaillement en kérosène pour rejoindre Paris. (Le Figaro, le 27 décembre 1994)

Ce procédé semble indiquer que seul le décodage dynamique de (5f) arrive au premier plan de la conscience bien que la composante linguistique offre deux choix théoriques. L'autre décodage (statique) n'existe que sous forme de possibilité virtuelle, abandonnée (par hypothèse) au cours du traitement. Les spécifications contextuelles conditionnent, ou pré-orientent, ce choix, ce qui nous amène à adopter une approche interactive.

Supposons alors que le récepteur, sur la base de l'information dans (5a), effectue le décodage dans (5b-e). Il s'attend à ce que cette analyse soit confirmée par la suite et il ajoute l'information dans (5g):

(5) g. Le film d'une journée tragique ... 5 heures: (i) l'aéroport de Marignane est fermé au trafic aérien. (ii) Le commando islamiste exige alors le ravitaillement en kérosène pour rejoindre Paris.

L'énoncé (ii) permet au récepteur d'élargir le contexte et de tester l'interprétation dynamique qu'il a déjà assignée à l'énoncé précédent (i) par rapport au contexte élargi. Si la première interprétation était la bonne, il faudrait (pouvoir) lire les deux énoncés comme une succession d'événements téliques, d'où l'explicitation dans (5h):

(5) h. L'aéroport de Marignane est *d'abord* fermé. Le commando islamiste exige *alors* le ravitaillement en kérosène pour rejoindre Paris.

On ne trouve cependant dans (i) aucun signal du type *d'abord* pour déclencher une telle interprétation. L'interprétation la plus naturelle est par contre celle qui construit (i) comme un état servant de décor pour la situation dynamique dans (ii). Cette interprétation pourrait également être renforcée par des connaissances sur le monde: il n'est pas improbable que les aéroports soient fermés au trafic aérien à 5h du matin. On aurait ainsi un décodage linguistique comme (5i-k) plutôt que (5b-f):

(5) i. fermé, A: 1

   j. [$_{SN}$ L'aéroport de Marignane] [$_{SV}$ est [$_{SA}$ fermé] [$_{SP}$ au trafic aérien]]

   k. [$_{STAT\ (-\ progression),\ (+\ cumulatif)}$ L'individu x qui satisfait aux conditions indiquées par la description définie *l'aéroport de Marignane* est, à un temps *t* du passé, dans l'etat fermé au trafic aérien]

Cohérente avec le principe de pertinence, la forme propositionnelle construite sur des bases linguistiques comme (5i-k) sera retenue dans la mémoire à court terme. Notons qu'il ne s'agit pas de la *première* interprétation, au sens strict, qui est cohérente avec le principe de pertinence. Le récepteur avait – rappelons-le – déjà construit l'analyse dans (5b-f) et formulé l'hypothèse que le locuteur avait en tête une signification dynamique. Il faut donc supposer que le récepteur peut revenir sur les résultats d'un décodage antérieur s'ils sont difficilement compatibles avec les nouvelles informations. C'est ce qu'on appelle dans la littérature anglaise des effets de *garden-path* et dans la littérature française des « phrases labyrinthes ».[155] Le récepteur fait d'abord un choix interprétatif qui par la suite s'avère erroné. Il revient, après coup, sur son choix avant de recommencer. Les conséquences de cette analyse sont d'une toute autre nature que celles de la thèse strictement non-interactive. C'est seulement dans les cas où les spécifications contextuelles forcent le récepteur à rejeter la première procédure que la réinterprétation peut s'imposer. Ainsi la construction de deux analyses linguistiques pour une phrase *à priori* ambiguë n'est pas nécessaire comme semble l'indiquer la thèse non-interactive. Sperber et Wilson (1995:186-7) proposent une interprétation selon laquelle le système central « inhiberait » la production par le système linguistique de décodages inutiles. Une telle inhibition interviendrait très tôt dans l'analyse linguistique, sans que les auteurs mettent en doute la thèse modulariste, et permettrait au système linguistique de produire pour une phrase à première vue ambiguë une seule structure linguistique qui serait ensuite traitée de façon optimale par le système central:[156]

> « If we assume, with Fodor (1983), that input modules have no access to general encyclopaedic information, examples such as (16) [The child left the straw in the glass] seem to imply that the input module has to construct all the semantic representations of an utterance, the wrong ones being then filtered out at a central level after all. However, the relationship between input module and central processes need not be that simple: for instance, the input module might construct all the linguistically possible interpretations of the first constituent of the sentence, and submit them

---

[155] Pour la notion de *garden-path sentences/utterances* on trouve la définition suivante dans Trask (1993) *A Dictionary of Grammatical Terms in Linguistics*. London: Routledge: « A sentence which is so constructed as to mislead the hearer into assigning an incorrect structure during processing, and hence perhaps into regarding the sentence as ill-formed when an unremarkable well-formed interpretation is available. » Selon Fuchs (1996:58), la suite du contexte peut obliger le récepteur à « revenir en arrière pour réinterpréter le début de phrase, en fonction des indices nouveaux livrés par le contexte ultérieur: on parle dans ce cas de « phrase labyrinthe » ». Voir également Nølke (1993) pour la notion de *réinterprétation*.
[156] Cf. à cet égard Moeschler et Reboul (1994:125-6; 146-8).

to the central mechanism, which would, when possible, choose one of them and inform the linguistic module of its choice. As a result, the module's decoding processes would be partly inhibited; it would retain only those interpretations of the next constituent which are linguistically compatible with the selected interpretation of the first constituent, and so on. With the interaction of input module and central mechanisms so conceived, it remains true that the module has no access to encylopaedic contextual information; however contextual factors may affect its processes in a purely inhibitory way. » (Sperber et Wilson 1995:186-7)

Ajoutons encore la citation suivante de Carston (1996:310):

« Because any utterance is produced and processed over time a hearer naturally accesses some of the concepts encoded by the utterance before others and forms anticipatory hypotheses about the overall structure of the utterance on the basis of what he has already heard. The purpose of these hypotheses is to resolve ambiguities and referential indeterminacies as quickly as possible in order to reduce processing costs, which are heavier the wider the range of possible interpretations that has to be entertained. » (Carston 1996:310)

Il semble donc que les facteurs contextuels puissent affecter les processus linguistiques en inhibant des décodages inutiles sans que la *nature* des opérations syntaxiques et sémantiques (et phonologiques) en soit affectée. Une version de la thèse modulariste sera ainsi maintenue. Le paradoxe apparent lié aux coûts de traitement sera dès lors levé par le caractère interactif du processus interprétatif, basé sur la formation et l'évaluation d'hypothèses.

Si cette analyse est, du moins partiellement, juste, elle offre la possibilité d'exploiter la distinction cognitive fondamentale (± progression) dans le processus interprétatif des structures passives. Vu les spécifications contextuelles, le récepteur peut faire des hypothèses sur la compatibilité contextuelle avec un décodage dynamique ou statique. Au fur et à mesure que le contexte s'élargit, la question de cohérence peut alors être testée par rapport au principe de pertinence. Imaginons que le contexte à un moment t_i du processus interprétatif permette au récepteur confronté à une phrase linguistiquement ambiguë, de faire l'hypothèse que l'interprétation dynamique est la plus appropriée. Le récepteur aborde ensuite le décodage syntaxique

passif verbal corrélé à une forme logique dynamique, en vue de développer la forme logique en une forme propositionnelle correspondante. Cette hypothèse peut être confirmée ou rejetée rétroactivement par l'élargissement du contexte à un moment t_{i+1}. La même démarche peut être appliquée à des décodages statiques, mais cette fois avec une syntaxe passive adjectivale et une élaboration sémantico-pragmatique correspondante. Le récepteur aura par conséquent le choix entre les étapes interprétatives reprises dans (v):

(v)

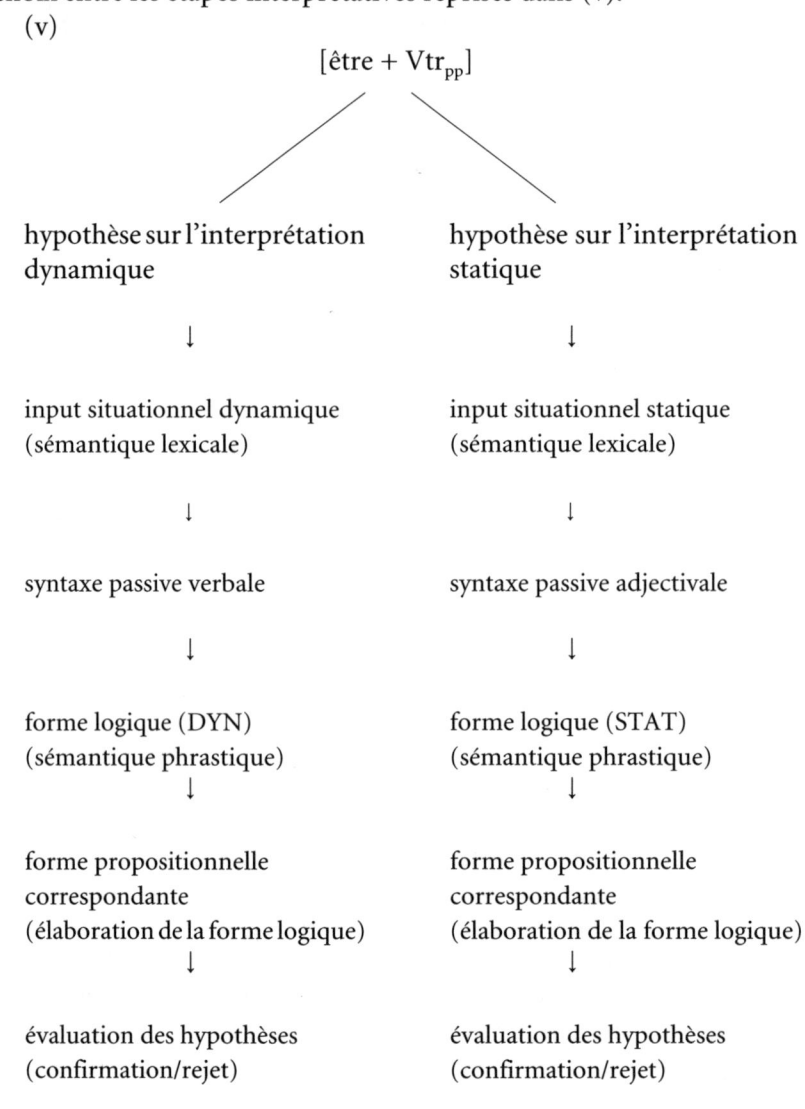

Le passif périphrastique

Le système esquissé dans (v) isole une composante lexicale qui constitue l'entrée des processus syntaxiques. Sur la base du décodage syntaxique s'établit une forme logique, partie intégrante de la sémantique phrastique. Le décodage linguistique (lexique, syntaxe, sémantique) est ensuite enrichi par les processus pragmatiques (élaboration de la forme logique). C'est ainsi la forme propositionnelle qui est susceptible d'avoir une valeur de vérité. Les connaissances contextuelles dont dispose le récepteur à un moment t_i du processus interprétatif affectent directement le décodage linguistique, dans la mesure où des hypothèses sur la compatibilité avec un décodage dynamique ou statique serviront à inhiber, comme le prévoit la théorie faiblement interactive, des décodages inutiles. Ce n'est que si la première tentative a échoué que la deuxième possibilité sera choisie. Il va sans dire que le récepteur peut abandonner une piste en cours de traitement sans avoir abouti à l'enrichissement complet de la forme logique (= élaboration d'une forme propositionnelle). L'évaluation des hypothèses sera donc conçue comme un processus qui continue. Il ressort des spécifications dans (v) que la sémantique n'est pas réservée exclusivement à des tâches « interprétatives ». Pour une large part, la sémantique lexicale détermine le choix de génération lexico-syntaxique, et, partant, l'élaboration de formes logiques et propositionnelles, à travers la catégorisation en types situationnels (verbe + environnement actanciel). Il faut dès lors tester ces hypothèses en les appliquant à un certain nombre de données.

4.3 L'interprétation des structures passives

Il ne saurait bien évidemment être question de proposer ici une analyse pragmatico-linguistique complète du processus de compréhension. Nous essaierons – objectif plus modeste – de montrer comment le décodage strictement linguistique, combiné à la composante pragmatique, contribue à lever des ambiguïtés virtuelles. Dans la plupart des cas, il s'agit d'un travail indispensable pour que le récepteur puisse intégrer l'interprétation visée dans le contexte. Si l'ambiguïté persiste – on pourra alors parler d'ambiguïté effective au sens de Fuchs (1996:46) – on obtient un effet discursif particulier. Nous illustrerons ci-dessous aussi bien l'ambiguïté virtuelle que l'ambiguïté dite effective.

Considérons les exemples suivants:

(6) a. En mars 1820, il épouse Mlle de Roquelaure, fort belle et qui a dix-huit ans. M. de Rollebon en a soixante-dix; il est au faîte des honneurs, à l'apogée de sa vie. Sept mois plus tard, accusé de trahison, il est <u>saisi</u>, <u>jeté</u> dans un cachot où il meurt après cinq ans de captivité sans qu'on ait instruit son procès. (Sartre, 12)

(7) a. J'emmène le 4e GM, le seul qui soit intact, en renfort au 3e escadron et j'installe mon PC dans l'abri de Stern. J'ai le temps d'apprendre que Sèze s'est fait prendre à Bellencombre avec trois pelotons, et ... c'est l'enfer. Cazenove, qui a essayé d'organiser un pont d'appui à ma gauche, est <u>tué</u>, puis c'est le tour de Chambon qui tombe à côté d'Audox avec un éclat d'obus dans la gorge, puis Stern est sérieusement <u>blessé</u>. Le 4e GM est écrasé par les chars allemands: Echenbrenner tué, Luirot, Branchu, Novat, Sartin blessés. (Deforges, 280)

(8) a. (Les forces serbes se sont livrées à de nombreuses exécutions sommaires de Kosovards d'origine albanaise ...) Les habitants sont <u>forcés</u> de quitter rapidement leurs maisons, qui sont ensuite <u>pillées</u>. Leurs papiers d'identité sont <u>confisqués</u>.

(9) a. J'ai ... Camille a peur que Laurent cherche à la rejoindre. La maison est <u>surveillée</u>. Que faudra-t-il faire s'il arrive jusque-là? (Deforges, 324)

(10) a. Enfin, quand mon état s'est amélioré, on m'a transporté à Bordeaux dans un hôpital où n'étaient <u>soignés</u> que des pulmonaires. (Cardinal, 170)

On notera que les séquences dans (6)-(9) contiennent des phrases passives au PR (historique), alors que (10) se trouve à l'imparfait dans une subordonnée introduite par *où*. Supposons que la construction contextuelle, conformément à la conception « dynamique » du contexte, se fasse au fur et à mesure que le récepteur entend ou lit de nouvelles phrases. Quand il aborde les deux participes passifs dans (6a), le récepteur possède déjà un certain nombre de connaissances qui constituent dans sa mémoire à court terme le contexte par rapport auquel il faut déterminer le degré de pertinence. La seule interprétation qui soit cohérente avec le principe de pertinence est celle qui traite les deux participes séquentiels dans (6a) comme des passifs verbaux déclenchés par l'hypothèse anticipative de dynamisme. Dans de tels cas, il est peu probable que la question de choix, ou d'alternative, effleure la conscience du récepteur. L'interprétation statique semble en effet exclue. Il en va de même pour (7a) qui contient deux participes passifs du type tué et blessé. Nous avons vu a maintes reprises que la sémantique lexicale bloque le décodage statique de phrases en *être* + *tué*. Le caractère statique est également incompatible avec des adverbes de succession comme *puis*, ce qui indique que la phrase en *être* + *blessé* n'est même pas virtuellement ambiguë. Le double décodage linguistique est donc éliminé très tôt malgré le potentiel dérivationnel du participe passif *blessé* pris isolément. L'exemple (8a) contient une suite de participes passifs verbaux (*forcé*; *pillé*; *confisqué*) dont l'interprétation séquentielle est renforcée par un adverbe de succession (*ensuite*).

En conséquence, si les séquences étaient « transposées » à des temps verbaux du passé, on emploierait de préférence le PS, temps narratif par excellence, ou le PC:

(6) b. .... Sept mois plus tard, accusé de trahison, il *fut* saisi, jeté dans un cachot où il *mourut* après cinq ans de captivité....[157]

(7) b. ... Cazenove qui avait essayé d'organiser un point d'appui à ma gauche, *fut* tué. Puis ce *fut* le tour de Chambon qui *tomba* à côté d'Audox avec un éclat d'obus dans la gorge, puis Stern *fut* sérieusement blessé...

(8) b. Les habitants *ont été* forcés de quitter rapidement leurs maisons, qui ensuite *ont été* pillées. Leurs papiers d'identité *ont été* confisqués.

Si l'on compare (6)-(8) avec (9)-(10), on s'aperçoit que l'interprétation dynamique est toujours pragmatiquement la plus plausible. (9a)-(10a) pourraient ainsi fournir des réponses à des questions du type « Que se passe-t-il/s'est-il passé? » et ils sont compatibles avec *être en train de*. Ce qui sépare les deux paires d'exemples, c'est la non-succession du temps narratif dans (9a)-(10a), d'où l'inacceptabilité de (9b)-(10b):

(9) b. Camille a peur que Laurent cherche à la rejoindre. #Puis, la maison est surveillée.

(10) b. #On m'a transporté à Bordeaux dans un hôpital où ensuite n'étaient soignés que des pulmonaires.

Il se peut que l'intervalle temporel associé à la situation <La maison ETRE surveillée> coïncide temporellement avec la peur de Camille.

---

[157] Nous savons cependant qu'on trouve justement dans de tels contextes (dans un texte narratif après un adverbial temporel de postériorité en position initiale), l'IMP dit de rupture. Nous reviendrons plus loin sur de tels exemples.

De même, la raison pour laquelle on a emmené l'émetteur de la phrase dans (10a) dans un hôpital bordelais, c'est justement le fait qu'on y soignait (= était en train d'y soigner) des pulmonaires. Ces effets discursifs s'expliquent en grande partie par des considérations d'ordre aspectuel (typologie situationnelle).

Nous savons depuis longtemps que le sens aspectuel contribue de façon essentielle à déterminer la succession ou la non-succession du temps narratif. Dans un grand nombre de traitements formels[158], l'effet pragmatique de ± succession temporelle s'établit en fonction de la relation entre R et E: un événement télique est inclus dans la période référentielle et déplace celle-ci à un temps ultérieur de la représentation, alors qu'un état ou une activité (= situations atéliques) coïncident temporellement avec un temps référentiel déjà accessible. Une séquence d'événements téliques du type (6a)-(8a) s'interprète ainsi de préférence comme des étapes successives dans le temps, alors que les situations atéliques dans (9a)-(10a) couvrent un temps référentiel rendu accessible par le contexte antérieur. Une telle analyse s'appuie de plus sur des principes cognitifs fondamentaux. Reinhart (1984) propose une analyse où l'organisation narrative d'un texte reflète des principes de l'organisation spatiale du champ visuel. La coïncidence temporelle entre une situation télique et une situation atélique correspondrait ainsi à la perception visuelle fondamentale d'une *figure* qui se détache sur le *fond*.[159] La relation entre les deux notions se définit comme une dépendance fonctionnelle selon laquelle la figure dépend du fond, mais pas inversement. Une telle dépendance serait illustrée dans les récits par le fait qu'une suite d'événements téliques ne peut s'interpréter sans qu'on connaisse les circonstances dans lesquelles ils se déroulent, leurs conditions et motivations, etc. C'est pourquoi Reinhart affirme que l'arrière-plan nous permet d'interpréter les événements téliques du premier plan. La dichotomie obligatoire de la perception visuelle est ainsi transférée à un autre domaine, établissant une corrélation entre deux systèmes d'organisation.[160] On peut en conclure que la catégorisation passive combinée à

---

[158] On citera à titre d'exemples Kamp et Rohrer (1983), Partee (1984), Hinrichs (1986) et Kamp et Reyle (1993).

[159] Cf. la distinction en anglais entre *figure* et *ground*.

[160] Reinhart parle de trois critères qui établissent une corrélation directe entre le domaine spatial et le domaine temporel. Il y a d'abord celle qui relie le principe gestaltiste fondamental appelé la « loi de la bonne continuation » (1984:803) à l'effet

des facteurs linguistiques (les types situationnels) et extra-linguistiques (principes cognitifs fondamentaux) servira à orienter le processus de compréhension, d'où l'effet de succession temporelle dans (6a)-(8a) et l'effet de non-succession dans (9a)-(10a).

Cela dit, il est possible d'obtenir les mêmes effets discursifs en spécifiant explicitement la localisation temporelle des situations:

(11) a. Les années de guerre: Lorsque la guerre éclate, le sergent Mitterrand est <u>incorporé</u> dans un régiment d'infanterie. Le 14 juillet 1940, il est <u>blessé</u> par un éclat d'obus près de Verdun. Quelque temps plus tard, il est <u>fait prisonnier</u> par les Allemands et <u>déporté</u> près de Cassel. (TV5, Hors cadre, le 9 janvier 1996)

<Le sergent Mitterrand ETRE incorporé dans un régiment d'infanterie> est virtuellement ambigu. Cependant, le début de phrase, contenant une subordonnée temporelle introduite par *lorsque*, fonctionne comme inducteur et pré-oriente l'interprétation dynamique. Si telle n'était pas l'interprétation visée, l'émetteur n'obéirait pas au principe de pertinence dans la mesure où il demanderait trop d'effort de traitement au récepteur. A l'aide des localisations temporelles explicites, on obtient une suite de phrases passives verbales construites à partir d'événements téliques. Si l'on omettait les adverbes temporels, l'interprétation séquentielle serait maintenue (11b). Mais on aurait alors tendance à interpréter les phrases (passives verbales) comme se succédant immédiatement dans l'intervalle plus restreint d'un même scénario:

(11) b. Le sergent Mitterrand est incorporé dans un régiment d'infanterie. Il est blessé par un éclat d'obus près de Verdun. Il est fait prisonnier par les Allemands et déporté près de Cassel.

Notons que l'effet de succession peut également être induit par l'imparfait en combinaison avec des adverbes temporels:

(12) a. Le 20 juin, Bordeaux *était* <u>déclaré</u> ville ouverte; le 21 juin

---

pragmatique de succession. Nous privilégions dans la perception spatiale la ligne continue d'une figure pour assurer l'unité. Le même effet de continuité est déclenché dans le domaine temporel par la succession narrative. Un deuxième principe gestaltiste porte, selon Reinhart, sur la grandeur des espaces. La figure est généralement perçue comme ayant une étendue moins grande que le fond. Le troisième principe spatial est plus puissant que le précédent et porte sur la question de la fermeture conceptuelle de l'espace. Un espace fermé favorise la saisie d'une figure, corrélée dans le domaine temporel par le caractère fermé des situations téliques et le caractère ouvert des situations atéliques.

l'armistice *était* signé; le 25 il y eut une journée de deuil national décrétée par Pétain; le 27, les Allemands entraient en musique dans Bordeaux, et le 30 juin, le gouvernement quittait la ville. (Deforges, 286)

(13) a. (Titre:) Il y a quarante ans *était* signé le traité de Rome. (Libération, le 25 mars 1997)

La présence d'adverbiaux temporels en tête de phrase semble en effet jouer un rôle essentiel pour l'interprétation de ces phrases puisque (12b) et (13b), pris isolément, privilégieraient l'interprétation statique:

(12) b. Bordeaux était déclaré ville ouverte. L'armistice était signé.

(13) b. Le traité de Rome était signé.

La combinaison entre l'imparfait et des événements initialement téliques attribuerait aux situations dans (12b)-(13b) le trait (+ cumulatif), d'où la compatibilité avec *déjà* (12c). Il s'agit plus particulièrement d'états contingents:

(12) c. Bordeaux était déjà déclaré ville ouverte. / L'armistice était déjà signé.

L'explicitation des relations temporelles sert ainsi à annuler l'effet pragmatique de non-succession. De la même façon, des facteurs peuvent intervenir pour annuler l'effet pragmatique de succession temporelle:

(14) Une trentaine de villageois ont été brûlés vifs, mitraillés ou achevés au couteau dans la nuit de dimanche à lundi.

(15) a. L'insurrection qui agite l'Albanie a gagné Tirana jeudi (i). La plupart des dépôts d'armes ont été pillés par la population (ii). Douze personnes au moins ont été tuées (iii). L'aéroport a été fermé (iv). (TV5, le 13 mars 1997)

La disjonction de phrases téliques dans (14) exclut la lecture séquentielle. Les mêmes personnes x, y, z, etc. ne peuvent être à la fois brûlées vives, mitraillées et achevées au couteau. Le récepteur s'appuie en partie sur ses connaissances du monde pour dégager le lien entre les participes passifs. Quant à (15a), les phrases passives en (ii)-(iv) introduisent des éléments sur l'insurrection qui agite le pays au moment du décodage. Il s'agit de la décomposition d'un ensemble où l'ordre des sous-éléments est arbitraire. On pourrait ainsi changer l'ordre des événements téliques (ii)-(iv) sans que le texte en perde de sa cohérence:

(15) b. L'insurrection qui agite l'Albanie a gagné Tirana jeudi (i). L'aéroport a été <u>fermé</u> (ii). La plupart des dépôts d'armes ont été <u>pillés</u> par la population (iii). Douze personnes au moins ont été <u>tuées</u> (iv).

Quoi qu'il en soit, on trouve dans (14) et (15) une série de passifs verbaux formés pour une bonne part à partir de verbes dits antistatiques (*brûler vif, achever au couteau, tuer*, etc.). Il est peu probable que l'ambiguïté virtuelle du participe passif *fermé* dans (15), pris isolément, effleure la conscience du récepteur. La seule interprétation cohérente avec le principe de pertinence dans (14) et (15) est dynamique et c'est elle qui sera retenue dans la mémoire à court terme.

Considérons dès lors les participes passifs dans (16)-(20):

(16) Il ne fallait pas longtemps pour deviner la raison de son prestige: il était <u>aimé</u> parce qu'il comprenait tout ... (Sartre, 92)

(17) .... Le col de Saverne était <u>fermé</u> et la nationale en direction de la Moselle impraticable. L'Alsace bossue était <u>coupée</u> du monde par une trentaine de centimètres de neige. (DNA, le 20 novembre 1996)

(18) a. « Regarde cet avion comme il vole bas. » Il est à peu près 15h10 samedi, nous sommes sur la plage du Galawa Beach, le plus bel hôtel des Comores. C'est mon dernier jour de vacances. Mon appareil-photo est <u>posé</u> à côté de moi. Je l'attrape aussitôt et c'est à travers le viseur que j'assiste en direct à l'incroyable tragédie. (Paris Match, décembre 1996)

(19) a. Vers 17 heures, nous recevons l'ordre de décrocher. Décrochage très difficile. Saint-Germain, qui représente notre seule porte de sortie utilisable, est <u>occupé</u> quand arrive le 3e escadron. Il s'ensuit un combat de rues où Dauchez est tué. Les Allemands se retirent et nous passons avec les 2e et 4e escadrons. (Deforges, 280)

(20) a. L'inauguration officielle, cet après-midi du tramway de Strasbourg, intervient à la veille d'une ouverture au public qui constitue une étape intermédiaire dans la mise en service du nouveau mode de transport en commun. En effet, jusqu'au 27 février 1995 ne circuleront simultanément qu'un nombre réduit de rames. Le matériel roulant (...) fait appel à des technologies de pointe qui nécessitent une mise au point rigoureuse. Durant les trois mois à venir, les autobus continueront donc à desservir les quartiers concernés et le tram interviendra en supplément, de 7 h à 20h, avec un passage, tous les quarts d'heure. Pendant cette

période transitoire seront affinés les réglages, avec les aléas que peut comporter le « déverminage » d'un matériel ferroviaire sophistiqué. C'est le 27 février prochain que sera franchi le cap. Le réseau de bus sera <u>restructuré</u>. Le tram et le bus seront complémentaires. De Haute-pierre à l'entrée d'Illkirch-Graffenstaden via la place Kléber, une vingtaine de rames devraient alors assurer une fréquence « normale » (avec un passage tous les 5 minutes aux heures de pointe) de 5 heures du matin à minuit. (DNA, le 25 novembre 1994)

Que les situations soient initialement atéliques (16) et (19) ou téliques (17), (18) et (20), on s'aperçoit que l'inteprétation préférentielle est statique. C'est de nouveau le contexte antérieur qui pré-oriente l'interprétation, permettant au récepteur de former une hypothèse sur le caractère statique de la prédication et, partant, sur la dérivation passive adjectivale. Elle sera validée par la suite des textes. Dans (17), on trouve une conjonction contenant le participe passif *fermé*, par hypothèse statique, et l'adjectif non-participal *impraticable*. L'influence du contexte local ressort également clairement des exemples (18)-(19) au PR historique. Hors contexte, les phrases (18b) et (19b) admettent à la fois l'interprétation statique et dynamique, explicitée par le marquage aspectuel formel au PS et à l'IMP:

(18) b. Mon appareil-photo était/fut posé à côté de moi.

(19) b. Saint-Germain, qui représentait notre seule porte de sortie utilisable, était/fut occupé.

L'interprétation de (18a)-(19a) qui vient immédiatement à l'esprit est celle qui fait coïncider la situation atélique avec les situations antérieures. Il s'ensuit que le récepteur entame le décodage du passif adjectival associé à l'interprétation statique. Comme c'est la seule qui soit cohérente avec le principe de pertinence, elle sera retenue par la suite et validée par les phrases ultérieures. Les situations atéliques marquent la non-succession temporelle et présupposent la présence d'un temps référentiel rendu saillant par le contexte antérieur. Notons que (18a)-(19a) seraient inappropriés si l'émetteur avait l'intention d'exprimer la télicité:

(18) c. ... C'est mon dernier jour de vacances. #Tout d'un coup mon appareil-photo est posé à côté de moi.

(19) c. #... Saint-Germain, qui représente notre seule porte de sortie utilisable, est tout d'un coup occupé quand arrive le 3e escadron.

L'émetteur demanderait en effet trop d'effort de la part du récepteur.

On comparera (18a)-(19a) avec (18d)-(19d) où l'interprétation dynamique et télique est rendue manifeste:
    (18) d. ... Je pose mon appareil à côté de moi. Je l'attrape aussitôt.
    (19) d. ... Les Allemands occupèrent Saint-Germain, notre seule porte de sortie utilisable. Ensuite arriva le 3e escadron.

Il en découle que les spécifications contextuelles, malgré l'ambiguïté virtuelle de la structure passive, permettent au récepteur de réduire de façon considérable les coûts de traitement. Les mêmes principes sont valables dans (20a), mais cette fois le contexte précédant la phrase passive (soulignée) est plus riche. Il s'agit de la restructuration des transports en commun de Strasbourg, qui s'effectue entre le moment de l'énonciation, jour de l'inauguration officielle du tramway strasbourgeois (le 25 novembre), et le 27 février, fin de la période transitoire. Selon le texte, c'est le 27 février 1995 que sera franchi le cap. Le journaliste se sert d'une construction passive verbale au futur simple, construite à partir d'un événement télique <Le cap ETRE franchi>, pour focaliser la transition même. Nous avons vu au chapitre 2 que de telles situations possèdent une phase préparatoire se dirigeant vers un point de culmination qui a pour résultat une phase conséquentielle:

    (20) b. phase préparatoire   phase conséquentielle

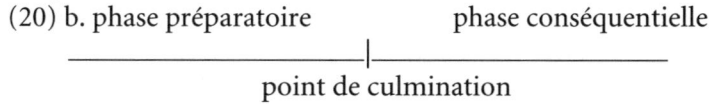

    point de culmination

Sur la base des renseignements du texte, et de ses connaissances générales, le récepteur attribue à (20a), par hypothèse, un décodage passif adjectival et statique. <Le réseau de bus ETRE restructuré> est un événement initialement télique transformé en un état, ainsi que l'illustre la paraphrase dans (20c):
    (20) c. C'est le 27 février que sera franchi le cap. Le réseau de bus sera alors (dans l'état) restructuré.

Cela n'empêche pas le récepteur de pouvoir inférer l'événement antérieur (20d):
    (20) d. C'est le 27 février que sera franchi le cap. Le réseau de bus aura été restructuré.

Il a souvent été noté que l'interprétation statique au futur a besoin d'un support contextuel sous forme d'un adverbial de temps, etc.

pour former un « nouveau point de repère »[161], un « r_y fonctionnant comme une sorte de r_x dans l'avenir »[162] ou un nouveau « focus temporel »[163]. Un tel mécanisme est exemplifié dans (20a). Le cap sera franchi à une date précise. La période de restructuration aura pour résultat un système où tram et bus seront complémentaires, avec des précisions sur son fonctionnement de Haute-pierre à Illkirch-Graffenstaden via la place Kléber. Il est révélateur à cet égard que le participe passif adjectival se combine à un adjectif non-dérivé (20e):

(20) e. C'est le 27 février que sera franchi le cap. Le réseau de bus sera <u>restructuré</u>. Le tram et le bus seront <u>complémentaires</u>.

L'interprétation est ainsi validée par les phrases suivantes et le récepteur peut maintenir la première interprétation (pertinente) qui a été choisie.

Jusqu'ici nous avons vu que les deux interprétations virtuelles s'excluent mutuellement. Il est logiquement exclu que l'appareil photo dans (18a) est à la fois dans l'état posé à côté de moi (interprétation statique) et en train d'être posé (par quelqu'un) à côté de moi (interprétation dynamique). Les élaborations sémantiques sont associées de façon systématique aux deux types de structuration passive. Guidé par le principe de pertinence, le récepteur réussit à désambiguïser la phrase virtuellement ambiguë à l'aide d'une construction contextuelle relativement limitée. Cela dit, dans un certain nombre de cas l'ambiguïté semble persister même après un premier filtrage contextuel, ce qui nous permet de parler d'une ambiguïté « effective ». Considérons à cet égard les exemples suivants:

(21) a. En annonçant, vendredi 3 janvier, qu'il rachetait « Le Progrès » de Lyon, Robert Hersant piétine délibrément la loi et lance un formidable défi au gouvernement. Quatre jours plus tard, le gant était relevé. La machine judiciaire était <u>mise en route</u>. (L'Express, le 17 janvier 1986)

(22) a. Nous sommes allés dans un hôtel ... où les femmes ne prêtent guère attention aux couples qui se succèdent. Trois jours plus tard, j'étais <u>arrêté</u>. Aucune d'entre elles ne m'a reconnu. (Klum 1961:147)

(23) a. Lorsqu'on le suivait sur ce chemin périlleux on devait

---

[161] Cf. Schmitt Jensen (1963:70-1).
[162] Vet (1980:95).
[163] Vikner (1985:109). Voir également Herslund *et al.* (à paraître).

bientôt abandonner, en frissonnant, la famille, la patrie, le droit de propriété, les valeurs le plus sacrées. On doutait même une seconde du droit de l'élite bourgeoise à commander. Un pas de plus et, soudain, tout était <u>rétabli</u>, merveilleusement fondé sur de solides raisons, à l'ancienne. On se retournait, on s'apercevait derrière soi les socialistes, déjà loin, tout petits, qui agitaient leur mouchoir en criant: « Attendez-nous. » (Sartre, 92)

On notera que les phrases passives dans (21a)-(23a) se trouvent dans des contextes à l'IMP qui acceptent également le PS/le PC:

(21) b. ... Quatre jours plus tard, le gant fut relevé. La machine judiciaire fut mise en route.

(22) b. ... Trois jours plus tard, j'ai été arrêté. Aucune d'entre elles ne m'a reconnu.

(23) b. ... Un pas de plus et, soudain, tout fut rétabli, merveilleusement fondé sur de solides raisons, à l'ancienne.

Cependant, il y a une différence essentielle entre (21a)-(23a) et (21b)-(23b). Les phrases au PS focalisent explicitement la transition en un état qui peut être inféré (21c)-(23c):

(21) c. La machine judiciaire fut mise en route. → La machine judiciaire ETRE dans l'état de mise en route.

(22) c. J'ai été arrêté. → Je ETRE dans l'état d'arrêt.

(23) c. Tout fut rétabli. → Tout ETRE dans l'état de rétabli.

Au contraire, les phrases à l'IMP présupposent la présence d'un temps référentiel déjà saillant, d'où l'explicitation par des adverbiaux temporels du type *quatre jours plus tard, trois jours plus tard* et *soudain* dans (21a)-(23a). En même temps elles ne sont pas incompatibles avec l'effet pragmatique de (+succession temporelle). Deux conclusions s'ensuivent: les nuances sémantiques entre le PS et l'IMP semblent s'estomper dans des contextes du type (21a)-(23a). De plus, l'IMP s'implante dans des contextes généralement réservés au PS. Il s'agit d'un emploi stylistiquement marqué de l'IMP appelé *IMP narratif, IMP de rupture* ou *IMP pittoresque* (séquences narratives, adverbial de temps en antéposition, etc.). Vetters (1993) affirme que l'IMP, contrairement au PS, est aspectuellement neutre: il peut être imperfectif, perfectif ou indéterminé quant à sa valeur aspectuelle. Aussi n'est-il pas étonnant de constater que justement dans des contextes narratifs comme (21a)-(23a), on a du mal à trancher l'ambiguïté.[164] Se combinent ainsi les critères de contextualisation du PS et de l'IMP: l'adverbial de temps en antéposition crée un nouveau temps référentiel postérieur au temps référentiel déjà accessible ($t_i < t_j$), contexte typique du PS. Il établit un temps référentiel par rapport auquel l'IMP peut établir une relation de recouvrement ($t_i \ O \ t_j$). Si les phrases étaient manifestement univoques, il serait possible d'exclure l'une des deux interprétations virtuelles. Mais tel ne semble pas être le cas dans (21a)-(23a). Ainsi que l'illustre la commutation avec le PS (21b)-(23b), l'interprétation dynamique ne peut être exclue. La compatibilité avec *déjà* (21d)-(23d) montre également la possibilité d'une interprétation statique:

(21) d. ... La machine judiciaire était déjà mise en route.

(22) d. ... Trois jours plus tard j'étais déjà arrêté.

(23) d. ... Un pas de plus et, tout était rétabli, déjà, merveilleusement fondé sur de solides raisons, à l'ancienne.

C'est pourquoi nous considérons (21a)-(23a) comme effectivement ambigus: les phrases donnent lieu à des interprétations nettement distinctes, ambiguïté qui perdure jusqu'à la fin du texte de taille limitée.[165] Quelle est alors la différence principale entre l'interprétation des phrases virtuellement ambiguës et l'interprétation des phrases effectivement ambiguës?

La formation d'hypothèses anticipatives nous permet, pour les phrases virtuellement ambiguës, de trouver de façon directe une seule interprétation cohérente avec le principe de pertinence, et par conséquent d'inhiber des décodages inutiles. Pour les phrases effectivement ambiguës, les deux interprétations restent simultanément accessibles dans la mesure où l'on obtient à peu près le même nombre d'effets contextuels à des coûts de traitement comparables. Il faut donc que les deux décodages linguistiques soient testés par rapport au principe de pertinence dans (21a)-(23a). Seul l'élargissement contextuel servira à déterminer la pertinence. On peut en conclure que la théorie de la Pertinence explique le fonctionnement du processus de désambiguation, qu'il s'agisse de procédures simples (confirmation de la première interprétation choisie) ou complexes (traitement parallèle de deux choix possibles; rejet de la première interprétation choisie, réinterprétation, etc.). Les marqueurs linguistiques peuvent servir de « signaux »

---

[164] Cf. Schmitt Jensen (1963:74-5) et Klum (1961:146-7).
[165] Cf. les critères définitoires de l'ambiguïté effective dans Fuchs (1996:41).

privilégiant une interprétation particulière. L'assignation référentielle, la résolution d'ambiguïtés et l'élaboration d'implications contextuelles relèvent d'un travail proprement pragmatique.

4.4 Remarques finales

Nous avons constaté que le décodage linguistique fournit, pour une phrase virtuellement ambiguë, deux représentations syntaxiques et sémantiques qui s'excluent mutuellement. Ce dernier chapitre a eu pour objectif de cerner les facteurs qui permettent au récepteur de faire le choix, dans un contexte donné, entre les candidats théoriquement possibles. Nous nous sommes appuyé sur la théorie de la Pertinence, théorie cognitive de la communication, qui combine une approche modulaire du décodage linguistique avec une approche non modulaire des inférences pragmatiques. En adoptant un système partiellement interactif nous avons pu constater que les composantes linguistiques, en l'occurrence les composantes syntaxique et sémantique, sont autonomes par rapport aux processus pragmatiques, ce qui n'empêche pas les facteurs contextuels d'intervenir lors du travail strictement linguistique à travers la formation d'hypothèses. De cette manière le récepteur, guidé par le principe de pertinence, évite des décodages inutiles sans que la nature des opérations en soit affectée. Une telle approche nous a permis de maintenir les opérations générales de passivation verbale et de passivation adjectivale tout en expliquant les choix interprétatifs par des considérations économiques.

Conclusion

Ce travail a eu pour objectif de dégager les propriétés lexico-syntaxiques et sémantiques du passif dit périphrastique en français moderne et de corréler le décodage strictement linguistique à une élaboration pragmatique. Nous avons pris pour point de départ des approches de la passivation qui se fondent sur le renversement structural d'une phrase active en une phrase passive. De telles analyses soulèvent un certain nombre de problèmes que les règles transformationnelles complexes (postposition et préposition d'éléments nominaux; modification morphologique verbale, insertion d'un morphème passif discontinu) ne parviennent pas à surmonter. Cela nous a obligé à remettre en question le fondement des approches par renversement. Inspiré par la grammaire générative des années 1980 et 1990, nous avons adopté une solution d'inspiration lexicaliste qui traite de la passivation comme une opération lexicale à l'aide d'une seule règle du type (i):

(i) Formez un participe passif.

A partir d'une forme participiale active on peut dériver une forme participiale passive. La passivation peut être considérée comme une opération de restructuration valencielle qui forme un prédicat à n places sur la base d'un prédicat à n + 1 places. Le résultat fondamental de cette opération est l'absence de théta-marquage de la position sujet. La suppression de l'argument externe, telle que nous l'avons définie, caractérise à la fois la passivation verbale et la passivation adjectivale. Nous en avons déduit deux types de passifs reliés par une ligne dérivationnelle directe. Le participe passif verbal peut être converti en un adjectif à l'aide d'une autre instanciation de la règle instructionnelle (ii):

(ii) Convertissez le participe passif en adjectif.

Nous avons considéré la conversion catégorielle dans (ii) comme relevant d'une règle plus générale (iii) qui dérive des adjectifs à partir de verbes pourvus d'un argument interne et dépourvus d'un argument externe:

(iii) Convertissez le participe passé inaccusatif en adjectif.

L'externalisation de l'argument interne est ainsi un effet obligé de la conversion catégorielle: on dérive un adjectif inergatif à partir d'un verbe inaccusatif. Nos analyses aux chapitres 1 et 2 concernent essentiellement l'*interface* entre les niveaux lexico-sémantique, lexico-syntaxique et syntaxique.

Cette approche a l'avantage de résoudre les problèmes posés par les critères par renversement tout en expliquant le lien intuitif entre les deux types de passifs. Elle s'appuie de plus sur l'analyse générative « orthodoxe » de la passivation qui forme les phrases actives et passives à partir d'entrées lexicales distinctes. Nous avons ainsi obtenu un système modulaire qui présuppose l'existence de sous-théories autonomes mais reliées par des principes généraux (le théta-critère, le Principe de Projection, le Principe de Projection Etendue, le contrôle thématique et argumental, etc.).

Dans le deuxième chapitre, nous avons soumis les hypothèses d'ordre théorique – notamment le lien implicationnel passif adjectival → passif verbal – à des tests empiriques. Il ressort de notre démarche que les principes dérivationnels sont applicables aussi bien pour la base verbale initialement télique que pour la base verbale atélique. Cela nous a permis de remettre en question la dissymétrie postulée par la tradition française entre les passifs à base verbale télique et les passifs à base verbale atélique. Notre démarche a restitué la symétrie faisant généralement défaut. Elle a également montré comment les phrases passives résultatives peuvent être traitées comme un sous-type de passifs adjectivaux. L'opération d'adjectivisation est généralement applicable à des verbes inaccusatifs pourvus d'un seul argument interne. Nous en avons déduit plusieurs conséquences empiriques. Cependant, la catégorisation « binaire » des participes passifs en type verbal et en type adjectival nous force à accepter des degrés d'adjectivisation dans la classe des participes passifs adjectivaux. Le statut catégoriel des participes soulève un certain nombre de questions qui pourraient fournir le point de départ d'autres travaux.

Dans le troisième chapitre, nous avons examiné en termes purement sémantiques l'ambiguïté des structures passives. Cette analyse a confirmé les hypothèses de l'élaboration lexico-syntaxique. Il est possible d'associer aux structures syntaxiques deux analyses sémantiquement distinctes et de formuler des contraintes d'ordre sémantique sur la dérivation lexico-syntaxique. La passivation verbale prend pour *input* des situations dynamiques. Comme le passif adjectival suppose la conversion catégorielle d'un participe passif verbal en un participe passif adjectival, l'opération morphologique d'adjectivisation s'accompagne nécessairement d'une modification de nature sémantique entre une situation dynamique et une situation statique. De cette manière, la composante sémantique joue un rôle doublement important: la sémantique lexicale appose, au niveau « pré-syntaxique », des contraintes aux opérations lexico-syntaxiques et la sémantique phrastique assigne aux structures syntaxiques des représentations sémantiques « post-syntaxiques ». La structuration sémantique « minimale » que nous avons développée au chapitre 2 et au chapitre 3 s'appuie pour une large part sur des classifications de types situationnels et des « décompositions » simplifiées. Notre approche nous a permis de formuler des corrélations syntactico-sémantiques que nous avons soumises à des tests empiriques.

Nous avons également souligné la nécessité d'isoler la structuration sémantique du processus pragmatique. La sémantique (lexicale et phrastique) assigne aux prédications les propriétés dynamique ou statique, mais elle ne dit rien sur le processus pragmatique de compréhension. Nous nous sommes appuyé, dans le quatrième chapitre, sur une approche pragmatique inférentielle qui traite l'étape interprétative pragmatique comme relevant d'un tout autre domaine de la théorie cognitive. Le décodage strictement linguistique, en l'occurrence lexico-syntaxique et sémantique, forme l'*input* au travail inférentiel dans la phase pragmatique. Nous avons montré que la distinction cognitivement saillante entre situations dynamiques et situations statiques permet au récepteur de formuler des hypothèses pour l'« orientation » du processus inférentiel. Sur la base de telles hypothèses, le récepteur entame la construction de formes logiques (incomplètes) qui combinent les résultats de la génération lexico-syntaxique et la sémantique « minimale ». Par le biais de la composante pragmatique, les formes logiques passent à l'état de formes propositionnelles complètes susceptibles d'être vraies ou fausses. Les formes propositionnelles peuvent être confirmées ou rejetées par la suite du traitement. De par sa nature « binaire », notre système est logiquement très simple (passif verbal / passif adjectival, signification dynamique / signification statique). Nous avons ainsi abouti à des simplifications des composantes linguistiques tout en maintenant la complexité de leurs interactions.

Bibliographie

Alsina, A. 1996. *The role of argument structure in grammar. Evidence from Romance*. Stanford: CSLI Publications.
Authier, J. 1972. *Etudes sur les formes passives du français*. Documentation et recherche en linguistique allemande contemporaine – Vincennes 1. Université de Paris VIII.
Authier, J. 1980. Note sur l'interprétation sémantique de « très + participe passé passif ». *Cahiers de lexicologie* vol. XXXVII, 1980-II. 25-33.
Baker, M., Johnson, K., Roberts, I. 1989. Passive arguments raised. *Linguistic Inquiry* 20. 2. 219-251.
Bally, C. 1965. Linguistique générale et linguistique française. Berne: Editions Francke.
Blanche-Benveniste, C. 1984. Commentaires sur le passif en français. *Le Passif: Travaux du Cercle Linguistique d'Aix* 2. 1-23.
Brahim, A. 1996. *L'occultif. Hypothèse pour un traitement trans-linguistique du « passif » et des structures apparentées*. Etudes Linguistiques 2. Association Tunisienne de Linguistique.
Bresnan, J. 1982. The passive in Lexical Theory. *The mental representation of grammatical relations*. Cambridge: MIT. 3-86.
Bresnan, J., Zaenen, A. 1990. Deep Unaccusativity in LFG. In: Dziwirek *et al.* (éds). *Grammatical Relations. A cross-theoretical perspective*. Stanford: CSLI Publications.
Burzio, L. 1986. *Italian Syntax. A Government-Binding Approach*. Dordrecht: D. Reidel Publishing Company.
Carston, R. 1988a. Language and cognition. In: Newmeyer, F. (éd.). *Linguistics: The Cambridge Survey*. Volume III. Cambridge: Cambridge University Press. 38-68.
Carston, R. 1988b. Implicature, explicature, and truth-theoretic semantics. In: Kempson, R. M. (éd.). *Mental representations*. Cambridge: Cambridge University Press. 155-81.
Carston, R. 1996. Syntax and pragmatics. In: K. Brown, J. Miller (éds). *Concise Encyclopedia of Syntactic Theories*. Oxford: Pergamon. 306-13.
Chomsky, N. 1969. *Structures syntaxiques*. Paris: Seuil. (La Haye: Mouton, 1957[1])
Chomsky, N. 1981. *Lectures on Government and Binding*. Dordrecht: Foris. Traduction française: 1991. *Théorie du Gouvernement et du Liage*. Paris: Seuil.
Chomsky, N. 1995. *The minimalist program*. Cambridge: MIT Press.
Cinque, G. 1990. Ergative adjectives and the Lexicalist Hypothesis. *Natural Language and Linguistic Theory* 8. 1-39.

Damourette, J., Pichon, E. 1911-1936. *Des mots à la pensée. Essai de grammaire de la langue française.* Paris: Editions d'Artrey.

Desclés, J. P., Guentchéva, Z. 1993. Le passif dans le système des voix du français. *Langages* 109. 73-102.

Dimitrova-Vulchanova, M. 1996. *Verb semantics, diathesis and aspect.* Dr. Thesis. Université des sciences et techniques de Norvège (NTNU).

Engwer, T. 1931. *Vom Passiv und seinem Gebrauch im heutigen Französischen.* Jena: Wilhelm Gronau.

Fodor, J. A. 1983. *The modularity of mind.* Cambridge: MIT Press. Traduction française: 1986. *La modularité de l'esprit.* Paris: Editions de Minuit.

François, J. 1990. Classement sémantique des prédications et méthode psycholinguistique d'analyse propositionnelle. *Langages* 100. 13-32.

Fuchs, C. 1996. *Les ambiguïtés du français.* Paris: Ophrys.

Gaatone, D. 1993. Les locutions verbales et les deux passifs du français. *Langages* 109. 37-52.

Gaatone, D. 1998. *Le passif en français.* Paris: Duculot.

Gosselin, L. 1996. *Sémantique de la temporalité en français.* Paris: Duculot.

Grevisse. M. 1993. *Le bon usage.* Gembloux: Duculot.

Grimshaw, J. 1990. *Argument structure.* Cambridge: MIT Press.

Gross, G. 1993. Sur le passif. Langages 109.

Gross, M. 1993. Un nouvel agent en « par ». *Langages* 109, 32-4.

Haegeman, L. 1991. *Introduction to Government and Binding Theory.* Oxford: Blackwell.

Helbig, G. 1987. Zur Klassifizierung der Konstruktionen mit « sein + Partizip II » (Was ist ein Zustandspassiv?). *Das Passiv im Deutschen.* Tübingen: Niemeyer. 215-233.

Helland, H. P. 1994. *Sémantique et pragmatique temporelles.* Acta Humaniora. Oslo: Presses Universitaires d'Oslo.

Helland, H. P. 1995. A compositional analysis of the French tense system. In: Thieroff, R. (éd.). *European tense systems.* Volume II. Tübingen: Max Niemeyer. 69-94.

Helland, H. P. 1998a. L'ambiguïté des structures « être + participe passif d'un verbe transitif ». In: Merisalo, O., Natri, T. (éds.). *Actes du XIIIe Congrès des Romanistes Scandinaves.* Jyväskylä: Presses Universitaires de Jyväskylä. 213-23.

Helland, H. P. 1998b. Eléments pour une analyse syntaxique et sémantique des structures *être + ppé d'un verbe transitif* en français moderne. In: G. Ruffino (éd). *Atti del XXI Congresso Internazionale di Linguistica e Filologia Romanza.* Tübingen: Max Niemeyer. 429-42.

Helland, H. P. 2000a. Le passif verbal et le passif adjectival. In: L. Schösler (éd). *Le passif. Etudes Romanes* 45. 83-97.

Helland, H. P. 2000b. Compte rendu de Brahim (1996). *Revue Romane* 35.1. 128-130.
Hendrick, R. 1995. Morphosyntax. In: Webelhuth, G. (éd.). *Government and Binding Theory and the Minimalist Program*. Oxford: Blackwell. 299-347.
Hermanns, F. 1987. Ist das Zustandspassiv ein Passiv? *Das Passiv im Deutschen*. Tübingen: Max Niemeyer. 181-213.
Herslund *et al.* (à paraître). Diatese. In: *Det franske sprog*.
Hinrichs, E. 1986. Temporal anaphora in discourses of English. *Linguistics and Philosophy* 9. 63-82.
Huddleston, R. 1984. *Introduction to the grammar of English*. Cambridge: Cambridge University Press.
Jaeggli, O. 1986. Passive. *Linguistic Inquiry* 17. 4. 587-622.
Kamp, H., Rohrer, C. 1983. Tense in texts. In: Bäuerle, R. *et al.* (éds.). *Meaning, use and interpretation of language*. Berlin: de Gruyter. 250-69.
Kamp, H., Reyle, U. 1993. *From Discourse to Logic*. Dordrecht: Kluwer.
Karasch, A. 1982. *Passiv und passivische Diathese im Französischen und Deutschen*. Frankfurt: Peter Lang.
Keenan, E. 1985. Passive in the world's languages. T. Schopen (éd). *Language typology and syntactic description*. Cambridge: Cambridge University Press. 243-281.
Kempson, R. M. 1986. Ambiguity and the semantics-pragmatics distinction. In: Travis, C. (éd.). *Meaning and interpretation*. Oxford: Blackwell. 77-103.
Kempson, R. M. 1988a. The relation between language, mind and reality. In: Kempson, R. M. (éd.). *Mental representations*. Cambridge: Cambridge University Press. 3-25.
Kempson, R. M. 1988b. Grammar and conversational principles. In: Newmeyer, F. (éd.). *Linguistics: The Cambridge Survey*. Volume II. Cambridge: Cambridge University Press. 139-63.
Kleiber, G. 1994. Contexte, interprétation et mémoire: approche standard vs approche cognitive. *Langue Française* 103. 9-22.
Klein, W. 1994. *Time in language*. London: Routledge.
Klum, A. 1961. *Verbe et adverbe*. Stockholm: Almqvist, Wiksell.
Lamiroy, B. 1993. Pourquoi il y a deux passifs. *Langages* 109. 53-72.
Leclère, C. 1993. Classes de constructions directes sans passif. *Langages* 109. 7-29.
Legendre, G. 1994. *Topics in French Syntax*. New York: Garland Publishing.
Le Goffic, P. 1993. *Grammaire de la phrase française*. Paris: Hachette.
Levin, B., Rappaport, M. 1986. The formation of adjectival passives. *Linguistic Inquiry* 17. 4. 623-661.
Levin, B., Rappaport-Hovav, M. 1995. *Unaccusativity. At the Syntax-Lexical Semantics Interface*. Cambridge: MIT Press.

Levinson, S. 1989. A review of Relevance. *Journal of Linguistics* 25. 455-72.

Manzini, R. 1983. On control and control theory. *Linguistic Inquiry* 14. 3. 421-46.

Marslen-Wilson, W. D., Tyler, L. K. 1981. Central processes in speech understanding. *Philosophical Transactions of the Royal Society of London.* B 295. 317-32.

Martin, R. 1963. Quelques réflexions sur l'ambiguïté du passif et de la « voix mixte » en français moderne. *Bulletin des jeunes romanistes* 7. 32-38.

Martin, R. 1971. *Temps et aspects. Essai sur l'emploi des temps narratifs en moyen français.* Paris: Klincksieck.

Mathieu, Y. 1993. Quelques passifs avec agent obligatoire. *Langages* 109. 35-6.

Melis, L. 1990. *La voie pronominale. La systématique des tours pronominaux en français moderne.* Paris: Duculot.

Milner, J. C. 1986. *Introduction à un traitement du passif.* Université Paris 7.

Milner, J. C. 1989. *Introduction à une science du langage.* Paris: Seuil.

Moens, M. 1987. *Tense, aspect and temporal reference.* Dr. Thesis. University of Edinburgh.

Moens, M., Steedman, M. 1988. Temporal ontology and temporal reference. *Computational Linguistics* 14. 15-28.

Moeschler, J., Reboul, A. 1994. *Dictionnaire encyclopédique de pragmatique.* Paris: Seuil.

Muller, C. 2000. Le passif processif et ses concurrents. Définition et quelques particularités. In: L. Schösler (éd). *Le passif. Etudes Romanes* 45. 49-69.

Nedjalkov, V. P., Jaxontov, S. 1988. The typology of resultative constructions. In: Nedjalkov, V. P. (éd.). *Typology of resultative constructions.* Amsterdam: John Benjamins Publishing Company. 3-62.

Nølke, H. 1993. *Linguistique modulaire: de la forme au sens.* Ecole des Hautes Etudes Commerciales d'Aarhus. Version publiée: 1994. *Linguistique modulaire: de la forme au sens.* Louvain-Paris: Peeters.

Ouhalla, J. 1994. *Introducing Transformational Grammar – from rules to principles and parameters.* London: Edward Arnold.

Palmer, F. R. 1994. *Grammatical roles and relations.* Cambridge: Cambridge University Press.

Partee, B. 1984. Nominal and temporal anaphora. *Linguistics and Philosophy* 7. 243-86.

Perlmutter, D. 1978. Impersonal Passives and the Unaccusativity Hypothesis. *Proceedings of the Annual Meeting of the Berkeley Linguistics Society.* 157-189

Perlmutter, D. M., Postal, P. M. 1983. Toward a universal characterization of passivation. In: Perlmutter, D. M. *Studies in Relational Grammar.* Chicago: University of Chicago Press. 3-29.

Pollock, J. Y. 1997. *Langage et cognition.* Paris: PUF.

Pullum, G. 1988. Citation etiquette beyond thunderdome. *Natural Language and Linguistic Theory* 6. 579-88.
Rappaport, M., Levin, B. 1988. What to do with Θ-roles. In: W. Wilkins (éd). *Syntax and Semantics* 21. *Thematic relations*. San Diego: Academic Press. 7-36.
Reichenbach, H. 1966. *Elements of symbolic logic*. London: Macmillan.
Reinhart, T. 1984. Principles of gestalt perception in the temporal organization of narrative texts. *Linguistics* 22. 779-809.
Riegel, M., Pellat, J. C., Rioul, R. 1994. *Grammaire méthodique du français*. Paris: PUF.
Rivière, N. 1990. Le participe passé est-il verbe ou adjectif? *Travaux de linguistique et de philologie* 28. 1. 131-169.
Roberts, I. 1987. *The representation of implicit and dethematized subjects*. Dordrecht: Foris.
Roberts, I. 1997. *Comparative syntax*. London: Arnold.
Ruwet, N. 1991. Weather verbs and the Unaccusativity Hypothesis. In: N. Ruwet. *Syntax and Human Experience*. Chicago: The University of Chicago Press. 143-70.
Ruwet, N. 1994. Etre ou ne pas être un verbe de sentiment. *Langue Française* 193. 45-55.
Ruwet, N. 1995a. Les verbes de sentiment forment-ils une classe distincte dans la grammaire? In: H. Bat-Zeev Shyldkrot, L. Kupferman (éds). *Tendances récentes en linguistique générale et française. Volume dédié à David Gaatone*. Amsterdam: John Benjamins. 345-62.
Ruwet, N. 1995b. Les verbes de sentiment peuvent-ils être agentifs? *Langue Française* 105. 28-39
Sadock, J. 1986. Remarks on the paper by Deirdre Wilson and Dan Sperber (1986a). *Chicago Linguistic Society* 22 (Part 2). 85-90.
Schapira, C. 1986. Le complément d'agent introduit par la préposition *de*. *Lingvisticae Investigationes* X:1. 153-72.
Schmitt Jensen. J. 1963. « Vorgang » et « Zustand » des formes passives et leurs rapports avec l'aspect du verbe en français moderne. *Etudes romanes dédiées à Andreas Blinkenberg*. Copenhague: Munksgaard. 59-83.
Sells, P. 1985. *Lectures on contemporary syntactic theories*. Stanford: CSLI.
Shibatani, M. 1985. Passives and related constructions: a prototype analysis. *Language* 61.4. 821-48.
Siewierska, A. 1984. *The Passive*. London: Croom Helm.
Sigurdsson, H. 1989. *Verbal syntax and case in Icelandic*. Dr. Thesis. Lund University.

Skårup, P. 1998. Les emplois de *être* + participe passé en français contemporain. In: M. Bilger *et al.* (éds). *Analyse linguistique et approches de l'oral. Recueil d'études offert en hommage à Claire Blanche-Benveniste*. Leuven: Peeters. 257-65.

Smith, C. 1991. *The parameter of aspect*. Dordrecht: Kluwer.

Smith, C. 1996. *Activity sentences and dynamism*. Draft.

Spang-Hanssen, E. 1963. *Les prépositions incolores du français moderne*. Copenhague: G.E.C. Gads Forlag.

Spencer, A. 1991. *Morphological Theory*. Oxford: Blackwell.

Sperber, D., Wilson, D. 1989. *La Pertinence*. Paris: Editions de Minuit.

Sperber, D., Wilson, D. 1995. *Relevance*. Second Edition. Oxford: Blackwell.

Swinney, D. 1979. Lexical access during sentence comprehension: (re)consideration of context effects. *Journal of Verbal Learning and Verbal Behavior* 18. 645-59.

Sørensen, F. 1987. Passivkonstruktioner er prædikatskonstruktioner. In: Davidsen-Nielsen, N., Sørensen, F. (éds.). *Festskrift til Jens Rasmussen*. Copenhague: Arnold Busck. 230-49.

Tesnière, L. 1988. *Eléments de syntaxe structurale*. Paris: Klincksieck. (Paris: Klincksieck, 1959[1])

Thielemann, W. 1979. Aspekte der Unterscheidung zwischen Vorgangsangabe und Zustandsangabe im französischen Passiv. *Beiträge zur romanischen Philologie* 18. 2. 327-332.

Thieroff, R. 1994. Vorgangs- und Zustandspassiv in romanischen und germanischen Sprachen. *Sprachtypologie und Universalienforschung* 47. 1. 37-57.

Togeby, K. 1965. *Fransk grammatik*. København: Gyldendal.

Togeby, K. 1983. *Grammaire française*. København: Akademisk Forlag.

Vendler, Z. 1967. Verbs and times. In: *Linguistics in Philosophy*. New York: Cornell University Press. 97-121.

Verkuyl, H. 1989. Aspectual classes and aspectual composition. *Linguistics and Philosophy* 12. 39-94.

Verluyten, P. 1984. La phrase passive. In: Melis, L. *et al. Les constructions de la phrase française. Communication et cognition*. 3-90.

Vet, C. 1980. *Temps, aspects et adverbes de temps en français contemporain*. Genève: Droz.

Vetters, C. 1993. Passé simple et imparfait: un couple mal assorti. *Langue Française* 100. 14-30.

Vikner, C. 1985. L'aspect comme modificateur du mode d'action: à propos de la construction *être* + participe passé. *Langue Française* 67. 95-113.

Wagner, R., Pinchon, J. 1991. *Grammaire du français*. Paris: Hachette.

Wartburg, W., Zumthor, P. 1947. *Précis de syntaxe du français contemporain.* Berne: Francke.
Wasow, T. 1977. Transformations and the lexicon. *Formal syntax.* NY: Academic Press. 327-360.
Webelhuth, G. 1995. X Bar Theory and Case Theory. In: Webelhuth, G. (éd.). *Government and Binding Theory and the Minimalist Program.* Oxford: Blackwell. 15-95.
Williams, E. 1981. Argument structure and morphology. *The Linguistic Review* 1. 81-114.
Williams, E. 1995. Theta Theory. In: Webelhuth, G. (éd.). *Government and Binding Theory and the Minimalist Program.* Oxford: Blackwell. 99-124.
Wilson, D., Sperber, D. 1986a. Pragmatics and modularity. *Chicago Linguistic Society* 22 (Part 2). 67-84.
Wilson, D., Sperber, D. 1986b. Inference and implicature. In: Travis, C. (éd.). *Meaning and interpretation.* Oxford: Blackwell. 45-75.
Wilson, D., Sperber, D. 1988. Representation and relevance. In: Kempson, R. M. (éd.). *Mental representations.* Cambridge: Cambridge University Press. 133-53.
Wilson, D., Sperber, D. 1990. Forme linguistique et pertinence. *Cahiers de linguistique française* 11. 13-35.
Wilson, D., Sperber, D. 1993. Pragmatique et temps. *Langages* 112. 8-25.
Wimmer, C. 1993. Le participe passé dans sa valeur d'état résultant. *ARBA* 1. 299-305.
Zribi-Hertz, A. 1981. *Towards a transformationnally-expressed explanation of passive verbal morphology in French and English.* Indiana University Linguistics Club.
Zribi-Hertz, A. 1982a. La construction *se moyen* du français et son statut dans le triangle moyen, passif, réfléchi. *Lingvisticae Investigationes* VI. 2. 345-401.
Zribi-Hertz. 1982b. La morphologie verbale passive en français: essai d'explication. In: J. Guéron *et al.* (éds.) *Grammaire transformationnelle: théorie et méthodologies.* Université de Paris VIII. 127-153.
Zribi-Hertz, A. 1987. La réflexivité ergative en français moderne. *Le Français Moderne* LV. 1/2. 23-54.
Åfarli, T. 1992. *The syntax of Norwegian passive constructions.* Amsterdam: John Benjamins Publishing Company.

Index

Åfarli 48-51, 57, 88, 93
agent 23, 26, 28, 34, 37, 40, 41, 44-47, 49, 53, 65, 66, 85, 88, 90, 93-95, 97-99, 107, 126, 141
agent:agentif 12, 30, 37, 50, 51, 57, 65, 77, 87, 88, 93-101, 117, 122, 125, 127, 128, 133, 141, 143, 158
agent:agentive 10, 39, 40, 44, 45, 58, 72, 88, 89, 92, 95, 98-101, 146, 159
agent:agentivité 93, 95-97, 100, 101, 138, 141-143
agent:complément d'agent 18, 27, 39, 44, 49, 51, 89, 90, 110
aktionsart 56, 69, 82, 83, 109, 110, 117, 120, 121, 144, 145
aktionsart:état 83-86, 90, 103, 106, 108, 117, 118, 121, 126-129, 131-134, 136, 139-142, 144, 156-158, 170, 175
aktionsart:événement télique 86, 121, 122, 124-129, 132-134, 137, 141, 157, 158, 170, 175
aktionsart:procès 23, 84, 86, 102, 103, 105-108, 117, 118, 121-129, 137, 139-141
aktionsart:type situationnel 87, 122, 127, 136, 141, 154
Alsina 37, 48, 50, 67, 85
ambiguïté 10, 11, 14, 17, 20, 29, 31, 62, 69, 102, 104, 111, 113, 114, 117, 120, 121, 129, 132, 144, 145, 151, 161, 167, 173, 175, 176, 178, 181
aspect 24, 33-37, 39, 59, 83, 102, 117-119, 121
Authier 11, 23-25, 29, 30, 88-90, 102, 107, 112, 113, 117
Baker 48-50, 88, 93
Blanche-Benveniste 9, 28, 35, 62
Brahim 10, 11, 44, 146

Bresnan 11, 36, 52, 53
Burzio 36, 48, 49, 59-61, 76, 88, 89
Carston 147, 153, 165
Chomsky 20, 33, 45-49, 52, 53, 59
Cinque 60
contrôle 93-95, 181
conversion catégorielle 13, 53-55, 60, 61, 63, 66, 67, 72, 77, 79, 87, 92, 96, 105, 106, 108, 109, 117, 128, 131, 134-136, 139, 140, 142-144, 180, 181
corrélation syntactico 111, 128, 129, 143
Damourette 20, 21
décodage linguistique 14, 152, 156-158, 160, 162, 163, 167, 169, 179
Dimitrova 47
Engwer 11, 20, 22, 25, 102, 104, 112, 117, 140
équivalence temporelle 20, 22, 25, 27, 28
Fodor 147, 153, 158, 164
François 97
Fuchs 160, 164, 167, 178
Gaatone 9-11, 27, 28, 33-36, 38-41, 55, 57, 68, 75, 90, 96-102, 112, 141-143, 146, 187
Gosselin 84, 122, 123
Grevisse 20, 21, 74
Grimshaw 50, 52
Haegeman 48
Helland 155
Hendrick 52
Herslund 33, 41-43, 45, 47, 55, 68, 176
Hinrichs 123, 170
Huddleston 45, 52, 105, 135, 142
hypothèse inaccusative 36-38, 59, 61
hypothèse inaccusative:verbe inaccusatif 38, 60, 64, 77, 180
implication temporelle 19, 21, 22, 27

Le passif périphrastique

interprétation:interprétation dynamique
    17, 41, 72, 91, 109, 111, 112, 115, 155,
    158, 159, 161-163, 165, 169, 171, 175,
    176, 178
interprétation:interprétation statique
    21, 41, 77, 80, 82, 89, 100, 109, 112,
    116, 117, 119, 135, 139, 156, 168,
    172, 174-176, 178
Jaeggli 12, 44, 48-50, 88, 92, 93
Jaxontov 21, 79, 95, 101, 102, 135
Kamp 170
Karasch 11, 23, 33, 70, 78, 102, 108, 112,
    113
Keenan 12, 44
Kempson 147, 150, 152
Kleiber 149
Klein 123
Klum 20, 102, 112, 113, 115, 117-119,
    176, 178
Lamiroy 9, 12, 27, 28, 33
Le Goffic 23, 45
Leclère 12, 28, 89
Legendre 37, 43, 59, 61, 62, 94
Levin 52-55, 60, 76
lexique 13, 19, 47, 53, 55, 57, 75, 82, 109,
    154, 156
Manzini 94
Martin 20, 23, 102, 112, 113
Melis 61
Milner 11, 12, 18, 51, 80, 81, 129, 142
modulaire 13, 14, 179, 181
Moens 86, 126, 127
Moeschler 147, 164
Muller 30, 47, 67, 77, 90, 135, 156, 157
Nedjalkov 21, 79, 95, 101, 102, 135
Nølke 13, 164
Ouhalla 52
Partee 170
passif:complément du verbe passif
    22, 87, 89, 97-99, 117
passif:passif d'action 23

passif:passif d'état 23, 25, 26, 77, 83, 109
passif:passif impersonnel 27, 48, 55, 75
passif:passivation 11-13, 18, 20, 27, 28,
    36, 53, 57, 61, 65, 68, 75, 81, 87, 93,
    96, 104, 105, 108-110, 112, 128, 137,
    140, 141, 143, 144, 154, 179-181
passif:renversement structural
    12, 18, 20, 29-30, 32, 36, 68, 80, 82,
    120, 180
passif:transformation passive 12, 14
passif:Vorgang 14, 22, 24, 28, 29, 31, 32,
    89, 102-105, 112-117
passif:Zustand 14, 22-24, 29, 31, 77, 78,
    81, 83, 89, 90, 104, 109, 112-117, 134
Perlmutter 11, 36, 51, 59, 65
Pichon 20, 21
Pinchon 23
Pollock 46-48, 59
Postal 11, 36, 51, 59
Pullum 59
Rappaport 52-55, 60, 76
Reboul 147, 164
Reichenbach 123
Reinhart 170
Reyle 170
Riegel 23, 97, 99, 100, 108, 127
Roberts 48-50
Rohrer 170
rôle thématique 45-51, 55, 57, 58, 65, 66,
    85, 87, 89, 93, 94, 101, 154
Ruwet 37, 38, 97, 98, 100
Schapira 99, 101
Schmitt Jensen 20-23, 25, 31, 78, 88-89,
    102-104, 108, 112-115, 117, 133-134,
    176, 178
Sells 11
Shibatani 12, 44, 45, 47, 65, 93
Siewierska 11, 12, 21, 33, 44, 45, 47
Sigurdsson 49, 52, 88
Smith 120, 122, 126-128, 136, 138, 145
Sørensen 41

Spencer 52
Sperber 14, 146-149, 153, 158, 160, 164, 165
Steedman 86
structure argumentale 17, 19, 33, 37, 40, 45, 58, 60, 68, 92, 108, 144
structure argumentale:argument externe 18, 37, 45, 46, 49-51, 54, 57, 58, 60, 63-68, 71, 84, 85, 87-89, 94, 96, 101, 106, 108-110, 122, 125-128, 141, 155, 180
structure argumentale:argument interne 13, 18, 37, 46-49, 51-57, 60, 63, 64, 66, 67, 71, 72, 75, 76, 80-82, 108, 109, 154, 157, 180, 181
structure argumentale:externalisation 53-55, 57, 60, 61, 67, 72, 76, 108, 180
Tesnière 32
Thielemann 102, 112, 113, 117
Thieroff 28, 29, 103, 108, 112, 113
Togeby 20, 21, 77, 101, 103

Vendler 83, 86, 124, 135
Verkuyl 83, 122
Verluyten 11, 12, 45, 89
Vet 115, 117, 176
Vetters 177
Vikner 20, 21, 30, 42, 77, 89, 90, 102, 103, 108, 112, 113, 115-119, 135, 156, 176
Wagner 23
Wartburg 20, 21
Wasow 52
Williams 45, 52, 54
Wilson 14, 146-149, 153, 158, 160, 164, 165
Wimmer 23
Zaenen 36
Zribi 11, 12, 48, 59-61, 64, 65, 67, 76, 77
Zumthor 20, 21